经济增长值得期待吗

通过对法国调节学派的译介，
为构建中国特色的社会主义政治经济学提供借鉴

【法】弗洛朗丝·雅尼-卡特里斯（Florence Jany-Catrice）
多米尼克·梅达（Dominique Méda）著
张俊丰 译

Faut-il attendre la Croissance?

中国经济出版社
CEPH
CHINA ECONOMIC PUBLISHING HOUSE
北 京

图书在版编目（CIP）数据

经济增长值得期待吗？／（法）弗洛朗丝·雅尼－卡特里斯著；张俊丰译.
—北京：中国经济出版社，2018.7

ISBN 978－7－5136－4791－5

Ⅰ.①经… Ⅱ.①弗… ②张… Ⅲ.①经济增长理论—研究 Ⅳ.①F061.2

中国版本图书馆 CIP 数据核字（2017）第 181459 号

Faut－il attendre la *croissance*? by Florence Jany－Catrice & Dominique Méda

责任编辑　郭国玺
责任印制　马小宾
封面设计　任燕飞工作室

出版发行　中国经济出版社
印 刷 者　北京富泰印刷有限责任公司
经 销 者　各地新华书店
开　　本　880mm×1230mm　1/32
印　　张　4.875
字　　数　80 千字
版　　次　2018 年 7 月第 1 版
印　　次　2018 年 7 月第 1 次
定　　价　39.80 元
广告经营许可证　京西工商广字第 8179 号

中国经济出版社 **网址** www.economyph.com **社址** 北京市西城区百万庄北街 3 号 **邮编** 100037
本版图书如存在印装质量问题，请与本社发行中心联系调换（联系电话：010－68330607）

本书为

西北大学经济管理学院承担的国家外专局“教科文卫”外国高端专家项目

“中国经济增长质量测度”成果和西北大学“双一流”建设项目成果

中国西部经济发展研究中心、陕西省哲学社会科学重点研究基地——

陕西省宏观经济与增长质量协同创新中心长江学者支持项目

四川外国语大学 2016 年度校级青年项目

目录

中文版序

以法国调节学派为借鉴
研究中国特色社会主义政治经济学

任保平

法国调节学派是欧美马克思主义经济思想流派之一，是马克思阶段理论发展的产物，该学说的目的在于解释资本主义产生危机的根源和走出危机的原因。20 世纪 90 年代以来，调节学派的理论进一步发展，被广泛运用到对转型经济、发展中经济和经济全球化、亚洲金融危机及拉美经济危机、国际合作和区域经济一体化等新问题的研究之中。调节学派继承了马克思经济学的核心理论与范畴，同时又从马克思理论那些高度抽象的概念中分离出若干中间概念，来解释经济主体的相互作用及其规律。因此，系统地梳理和评析法国调节学派的经济理论，研究马克思主义政治经济学创新发展的规律，对中国特色社会主义政治经济学的研究具有重要意义。

一、调节学派的方法论与核心概念

自20世纪70年代中期以来，法国的一些经济学家通过对马克思、凯恩斯和卡尔多经济理论的独特结合，并从以布罗代尔等人为代表的法国年鉴学派和波拉尼、熊彼特的理论中汲取灵感，发展了一种研究资本主义经济长期演化的独特方法，在制度与演化经济学的发展中，形成了法国的“调节”学派。调节学派自20世纪70年代最早在法国形成以来，在世界范围内引起了广泛关注，并在理论和经验研究方面取得很大发展。

1. 调节学派的方法论。调节学派的方法论特点是在对资本主义经济发展的研究中，运用历史的、理论的、比较的方法来探索积累体制和调节模式二者关系所表现出的规律性的东西。调节学派积极运用多学科方法，主张充分利用历史学、政治学、经济学、社会学和法学等学科的研究成果，该学派认为没有纯粹的经济现象，各种经济行为都是在密集的社会关系和政治规定的网络框架中进行的。

2. 调节学派的核心概念。调节学派在继承马克思经济学核心概念、基本范畴和基本规律的基础上，发展出了一些新的概念来解释当代资本主义经济。这些核心概念有：(1) 工业或科技生产范式。调节学派用这个概念来说明社会劳动分工的程度，其含义是劳动过程中的技术和分工，主要用于进行微观层面的经济分析。(2) 积累体制。调节学派认为一个稳定的积累体制需要外在于经济的政治社会机制来调节，需要一种调节模式。积累体制是指维持稳定经济生产与消费平衡类型的模式，这个概念主要用于宏观经济层次的分析，针对市场的稳定而建立，调节学派认为稳定的积累体制的形成机制是大规模生产需要大批量消费来配合。(3) 调节模式。这个概念指规范、制度、传统、组织形式、社会网络、行为类型等的复合体，其功能是使得行为人遵守规则，形成体制再生产的模式，从而维持一个积累体制的稳定。这个概念主要处于介于微观和宏观中间的社会制度层次。(4) 发展模式。工业范式、积累体制和调节模式相互调整，互为补充，从而能够维持相当长时期的资本主义稳定发展，这样的发展可称之为发展模式。

3. 调节学派的理论框架。在调节学派的分析框架中，积累体制、调节模式和发展模式构成了其理论的概念基础。调节学派认为，社会经济结构中主要制度的组织一致性的匹配能推动持续的经济发展，而不匹配则导致不稳定性、危机和宏观经济的衰退。在调节理论中，长期动态被看作是不连续的。当一种发展模式的潜力趋于耗尽时，从前各部分之间的连贯性消失了，新的连贯性出现之前，存在着不稳定和无序。在这种情况下，积累过程变得越来越与制度形式的稳定性不兼容，它无法完成在现有制度基础上的自我再生产，不平衡已达到这种程度：在给定的调节模式中，从前自我修正的机制变得无效了，发展模式陷入危机，增长缓慢、停滞，从而产生了进行制度变革的压力。

二、调节学派的理论渊源

（一）调节学派理论与马克思主义政治经济学的关系

调节学派坚持和继承马克思经济学，而不是马克思主义的政治经济学，也就是其学理基础是以《资本论》为基础的马克思经济学，而不是以《帝国主义论》为基础的马克思主义经济学。

1. 调节学派理论对马克思政治经济学核心概念和范畴的继承。（1）马克思关于生产力—生产关系以及社会再生产的论述。调节学派核心概念间相互作用的机理遵循了马克思关于生产力—生产关系以及社会再生产的论述。调节学派始终围绕马克思的生产方式概念进行分析，他们认为每一个稳定的积累体系，都一定需要生产力与生产关系之间保持系统稳定性。在研究社会再生产理论时，马克思将生产关系的再生产问题放在非常重要的地位上，认为生产关系的再生产是随着生产力的发展而不断完善的过程。在这一过程中生产关系的再生产是对生产关系中不适应生产力发展的某些方面和环节进行改革，从而以新的内容和形式来代替。这些思想认识在法国调节学派的理论中都得到了继承。（2）调节学派继承了马克思经济学中的核心理论与范畴。虽然他们创造了一些概念和范畴，但是基本的概念和理论基础仍然是马克思的，如资本积累、平均利润率下降等。（3）调节学派坚持和继承了马克思的平均利润率下降趋势的理论，认为利润率下降规律是分析资本主义经济运行机制时最重要的理论工具；在坚持这一理论的同时，结合资本主义发展的历史和现实，从各种制度结构及其功能角度就资本积累的过程、动力、障碍及绩效进行了分析。

2. 调节学派理论对马克思政治经济学的发展。（1）调节学派认为马克思理论中的一些概念高度抽象，应该从中分离出若干中间概念，以解释经济主体的相互作用及其规律。在生产方式概念的基础上，法国调节学派提出了积累体制、调节模式、工资关系等概念。（2）在马克思剩余价值理论基础上，法国调节学派提出了内涵型积和外延型积累等概念。（3）对马克思的再生产概念进行了解构。在马克思那里，再生产一方面是物质资料再生产，另一方面也是生产关系再生产。调节学派则不再强调这是同一过程的二重性，而是把“调节模式”和“积累体制”这两个概念分离成两个单独的概念来解释。对于物质资料再生产的环节，调节学派以工业生产范式这一概念进行分析；而生产关系的再生产，则以制度形式为分析对象。

（二）调节学派理论与新古典理论、凯恩斯理论的关系

1. 调节学派理论与新古典理论的关系。调节学派理论与新古典经济学理论是对立的。新古典学派以经济行为的不变性为前提，不考虑特定时间和地点，提供的是一种非历史的经济规律，从而把历史排除在外，因而不能解释资本主义经济的历史演变过程。

2. 调节学派理论与凯恩斯主义经济学的关系。调节学派认为凯恩斯主义经济理论研究的是开放程度较低的经济，而我们现在面临的却是全球化经济。调节学派试图发

展马克思的制度理论，把制度与凯恩斯的宏观经济结合起来，开创一种不同于以往的历史的和制度的经济理论。调节学派理论以现实前提为基础，它认为，适用于任何时间和任何地点的理论是不存在的，必须把概念工具和现实条件结合起来，因此必须不断创立新的调节方式和经济制度。

三、调节学派的其他经济理论

1. 调节学派的制度经济学理论。21 世纪初，法国调节学派完成了第一代和第二代的新老交替，对制度经济理论进行了研究，做出了巨大的贡献。他们认为“各个社会主体都有各自的利益，他们在追求自己利益的过程中会产生社会冲突，而制度就是为了调节社会冲突而产生的，是社会主体在社会冲突中相互妥协的产物，其中，制度形成时的历史条件和政治交换对于形成什么样的制度起着关键性的作用。同时，制度、意识形态和政治媒介的相互作用形成了社会冲突调节的一般机制。”① 第二代学者继承了调节学派初建时期的方法论，继续强调了调节理论的独特性，并在制度理论重建方面做出了巨大贡献。自 19 世纪以来，

① 吕守军. 法国调节学派的制度理论［J］. 上海交通大学学报（哲学社会科学版），2009（12）.

如何把经济的历史特点和经济理论结合起来是持久争论的主题。调节学派认为，新古典经济学不考虑任何时间和地点，提供的是一种非历史的经济规律，因而它不能解释资本主义经济的历史性演化过程；而马克思有关资本主义发展的长期动力学虽然强调了社会关系和积累过程的历史特定性，但他使用的概念过于抽象。因此，阿加利塔和博耶这些调节学派的开创者们认为，为了发展一种对资本主义多样化经济形态的演化进行解释的理论框架，“调节”方法应该从更抽象的概念（如生产方式）中找出中间概念和模式，如积累体系和制度形式等，用来解释经济行为者在相互作用时表现出来的规则性，最后再与观察到的事实进行相当细致的比较。调节学派试图通过发展马克思的制度理论，把制度与凯恩斯的宏观经济学结合起来，开创一种不同于从前的历史的和制度的经济理论。积累体系、调节模式和制度形式构成了调节理论的概念基础，当积累体系、调节模式和制度形式相互补充，足以确保资本主义扩张的长波所需的条件时，由此所产生的复杂体常常被综合性地认定为发展模式。调节学派运用上述框架对美欧资本主义从福特制向后福特制的转变进行了分析。调节学派第二代的制度形成理论，在继承第一代学者理论的基础上，形成了不同于新制度经济学、比较制度分析理论、美国激进学派和法国公约经济学的有自己特色的理论。

2. 调节学派的经济危机理论。调节学派不认同新古典经济学外来冲击造成危机的观点，认为经济危机可以从不同层次来解释，他们从对资本主义特定历史条件下资本积累过程与经济发展过程的统一入手把经济危机划分为五类，然后进行解释。第一类是外部扰动造成的危机。这类危机是因为某一既定实体的持续经济再生产受到阻碍，或者是与自然或天气灾害相关的短缺造成的，或者是由源于外部事件或战争而导致的经济垮台而造成的。这种危机既不是因为调节模式的正常运行出问题，也不是因为积累体制的衰竭而造成的。第二类是周期性危机，这种危机是在一个既定国家某个时期的主导调节模式内发生的，它只能部分且缓慢地影响主导制度形式，而且它是一个稳定发展模式中调节机制的必要组成部分。第三类是调解体系的危机。与主导调节模式相联系的机制被最终证明不能克服不利的短期趋势，被定义为调节体系的危机。当局部不均衡逐渐聚集并不再能被现行社会经济程序处理的时候，调节体系的危机便出现了。第四类是发展模式的危机。这类危机是由达到最本质制度形式的极限以及这些制度形式之间矛盾的产生来定义的。这类危机是由于最本质的经济模式出了问题，比如生产组织、资本增值过程、价值分配以及社会需求的组成都或多或少存在着问题所导致的。这类危机是由于经济再生产动态过程受阻而形成的，因而是比较严重的危机。第五类是主导生产模式的终极危机。当一种经济结构达到一种制度形式安排的极限，对现行社会关系集合的最基本层面提出挑战时，这类危机便发生了。这类危机与马克思主义理论中的危机相似。

3. 调节学派的比较资本主义研究。调节学派作为比较资本主义研究中一个重要的理论派别，把分析重点从对资本主义发展阶段转换的研究，转向对资本主义多样性的研究，并运用制度层级、制度互补、协调机制等概念，对不同国家资本主义的制度结构和发展模式进行了比较分析。“从马克思主义理论那里，调节理论保留了对资本主义长期演化的兴趣，但是调节理论不接受马克思的继承者们坚持的宏大的资本主义理论。”① 把研究资本主义特定发展阶段的稳定存在条件及其发展阶段的转变作为要研究的核心问题，把资本主义的历史视为连续的阶段，为了对资本主义的结构形式和发展阶段进行理论上的深入分析，调节理论通过一系列中等层次的模型来建立理论和历史之间的联系。

① 张旭．调节学派的比较资本主义研究及其启示［J］．山东社会科学，2016（2）．

他们提出了一系列能够把马克思主义政治经济学应用于实际历史中的中间概念，用于研究资本主义的制度和实践。调节学派的资本主义多样性研究，是在批判已有的资本主义多样性理论，把资本主义多样性分析纳入调节学派的概念工具和理论框架中向前推进的。

四、调节学派的政策主张

法国调节学派从其基本理论出发，主张对资本主义的“国家与市场的关系、政府和企业的关系、雇主与雇员关系、国际经济关系”① 四大经济关系进行调节。

1. 调节国家与市场的关系。虽然“调节学派在国家与市场关系问题上持后凯恩斯主义观点”，但是他们强调了国家在积累体制中代表社会集体价值并对个人的意志和利益进行调节的观点，认为现代社会的复杂性、社会和技术发展范式的内在要求，以及各国经济发展依赖性的加强，更加突出了国家干预的作用。他们主张在加强国家干预的同时，通过制度建设规范政府行为，最大限度减少寻租活动，充分发挥中介组织和机构的作用，使国家与市场相得益彰。

---

① 李其庆．法国调节学派评析［J］．经济社会体制比较，2004（2）．

2. 调节政府和企业的关系。调节学派认为当代资本主义国家调节方式的转变始自20世纪80年代，其背景是主要发达国家经济进入“滞胀时期，凯恩斯主义破产，国家垄断资本主义陷入危机。国家调节方式转变的目标和任务是改变战后经济增长方式，使之适应新技术发展和国际竞争日益加剧的需要”。其理论特点是，在生产和技术方面，强调对资本的集约投资，重视劳动生产率的提高；在企业治理方面，强调内部监督机制；在企业效益评估标准方面，注重企业规模的扩大；在劳资关系方面，采用集体谈判方式决定国民工资标准；在市场竞争方面，强调产品价格由生产成本加边际成本来决定。

3. 调节雇主和雇员的关系。调节学派认为雇主与雇员关系的调节对积累体制的稳定具有关键性作用。雇主与雇员关系的调节包括雇佣关系的调节，劳动力使用和管理的调节，工资的调节，国民收入再分配的调节，就业培训、再就业培训、终身教育、分担失业的调节。他们认为，为了确保由利润转化而来的投资增长与工人购买力增长相配合，需要实施凯恩斯主义国家干预政策，保证资本主义企业的雇主与雇员之间要建立起较长时期和稳定的合约关系。

4. 调节国际经济关系。调节学派认为国际经济关系的调节包括保护正常情况下的市场资金的流动，保护消费者；确保银行支付能力，监督支付能力比率和内部控制；处理金融危机，解决银行破产问题，抑制系统性扩散。

五、调节学派理论可供中国特色社会主义政治经济学研究借鉴的经验

法国调节学派理论被引入我国后，受到了马克思主义经济学研究领域学者的关注。贾根良对该学派的起源、研究纲领的形成、分析框架等进行了介绍。李其庆对调节学派的基本理论观点和政策主张进行了全面的梳理和评析。吴易风教授在《当代西方经济学流派与思潮》第 9 章全面介绍了调节学派。陈叶盛的《调节学派理论研究》归纳了从 20 世纪 70 年代以来调节理论的发展历程，并对其主要分析框架进行了概括。近年来，法国调节学派的理论日益受到国内经济学界的重视。

我国经济发展进入新常态，习近平同志强调，要立足我国国情和我国发展实践，揭示新特点新规律，提炼和总结我国经济发展实践的规律性成果，把实践经验上升为系统化的经济学说，不断开拓当代中国马克思主义政治经济学新境界。在研究中国特色社会主义政治经济学、开拓马

克思主义政治经济学新境界的过程中，可以借鉴法国调节学派的思想。

1. 借鉴调节学派的基本理论，研究中国经济发展的新问题。

法国调节学派是在马克思主义政治经济学的框架内发展而来的，他们依据资本主义的新变化，研究了资本主义经济发展的新问题，建立了自己的基本理论。19 世纪中叶，马克思和恩格斯以机器大工业时期的欧洲为蓝本，以资本主义生产方式为研究对象，创立了马克思主义政治经济学。此后，列宁也以资本主义生产方式为研究对象，分析了当时帝国主义阶段的经济特征。马克思、恩格斯和列宁时期的经典马克思主义政治经济学的研究对象是资本主义生产方式，研究任务是揭示资本主义社会的基本矛盾，研究社会主义如何代替资本主义。伴随新中国经济建设和改革开放实践，我国社会主义生产方式不断发展完善。与经典政治经济学时期相比，我国经济发展进入了新阶段，也出现了许多新问题、新情况和新矛盾。借鉴调节学派的理论，开拓当代中国马克思主义政治经济学新境界，需要立足中国国情和经济发展实践，拓展政治经济学的研究对象和研究任务，在研究社会主义初级阶段生产方式的基础上，重点研究社会主义经济发展和经济运行，揭示中国特色社会主义经济发展和运行规律。对于中国特色社会主义政治经济学研究来说，非常重要的就是对我国经济结构转变的理解，必须在分清经济结构转变过程中出现的问题的不同层次和不同性质的基础上，提出相应的对策。

2. 借鉴调节学派的基本理论，概括总结新材料，新事实。

借鉴法国调节学派的理论，开拓马克思主义政治经济学新境界，要重视对新中国经济建设特别是改革开放以来新材料、新事实的研究，进而概括总结为系统化的经济学说。习近平同志强调："在对历史的深入思考中做好现实工作、更好走向未来，不断交出坚持和发展中国特色社会主义的合格答卷。"

政治经济学是人们在占有充分的历史和现实材料基础上，运用科学的抽象方法，透过经济现象而探讨其内在联系的科学。它以一定社会生产方式作为自己的研究对象，研究其发生和发展变化的客观规律。借鉴法国调节学派的理论，我们要研究改革开放以来经济建设的新材料。

改革开放以来，我国经济发展取得举世瞩目的成就，在理论探索上取得重大成果，形成了许多新材料。例如，在社会主义市场经济发展、初级阶段基本经济制度完善、国有企业改革、对外开放、农村经济改革发展等方面都形成了许多新材料，需要运用马克思主义政治经济学的科学方法，概括和总结其中的规律性，进而上升为中国特色社会主义经济理论。

我国经济发展进入新常态，出现了许多新问题新情况，也出现了许多新的事实材料，如经济发展从高速向中高速的转换、“四个全面”战略布局的展开、新发展理念的提出、“五化”同步协调发展、政府与市场关系的处理、跨越“中等收入陷阱”的实践等。中国政治经济学的创新发展需要系统概括总结这些新的事实材料，探索新常态下经济发展和经济运行的新规律，并把它们上升为当代中国马克思主义政治经济学理论。

3. 借鉴调节学派的理论，提炼升华新理论、新话语。

理论是对现实生活的反映，对实践经验的升华，理论必然要随着实践发展而发展。从来就不存在可以脱离特定历史背景和现实生活的普适的经济学。借鉴调节学派的理论，开拓马克思主义政治经济学新境界，要在坚持马克思主义政治经济学基本原理的基础上，依据马克思主义政治经济学与时俱进的特征，依据不断发展变化的经济实践，推动当代中国马克思主义政治经济学创新发展。

在广泛学习借鉴的基础上，要依据新问题、新情况、新矛盾和新事实，不断提炼形成新的当代中国马克思主义政治经济学理论，包括经济发展新常态的理论，新发展理念的理论，使市场在资源配置中起决定性作用和更好发挥政府作用的理论，推动新型工业化、信息化、城镇化、农业现代化、绿色化协调发展的理论，发展更高层次开放型经济的理论，实现全体人民共同富裕的理论等。当前，适应和引领经济发展新常态，尤须坚持以中国问题为导向，构建中国版的马克思主义政治经济学理论体系和话语体系。马克思主义政治经济学的科学性集中体现在其立场、方法论和世界观上，而不是一些具体论断上。借鉴调节学派的理论，开拓马克思主义政治经济学新境界，必须克服教条主义，适应时代变化，关注当代中国重大理论和现实问题，加强对中国模式和中国经验的研究，从中国经济改革、发展和运行的事实中概括出具有普遍意义的规律和论断；概括提炼与中国历史、文化、传统、制度和实践相适应，具有中国特色、体现时代特点和世界发展趋势的马克思主义政治经济学概念、范畴、论断和基本规律，形成既体现马克思主义政治经济学立场、观点、方法，又不同于西方经济学，并能同世界对话的政治经济学理论体系和话语体系。

六、《经济增长值得期待吗》译介

2013 年，法国调节学派的创立者之一罗伯特·博耶

(Robert Boyer）来西北大学经济管理学院讲学，做了三场报告，我们意识到了法国调节学派的理论价值。次年法国调节学派的会议在巴黎召开，国内许多政治经济学研究者和马克思主义研究者参加了大会，我和康蓉老师也投了稿，文章入选了大会，但是我由于其他事务的耽误未能成行，康蓉老师代替我参加了会议，并做了大会发言。从此，我们就和法国调节学派建立了联系。罗伯特·博耶退休以后，介绍法国里尔一大的弗洛朗丝·雅尼－卡特里斯（Florence Jany－Catrice）教授和我们联系。雅尼－卡特里斯教授是法国调节学派三大分支之一“政治经济流派”的主要代表人物，也是法国政治经济学学会副会长，近年的研究聚焦在法国重大政治经济学问题上，包括法国社会模式的转变、社会经济学与经济政策、不平等转化中的社会科学、社会再生产中的危机、通过社会创新实现社会转型、法国二十世纪公共统计学和政治权利、数据中的权利等。

雅尼－卡特里斯教授所代表的法国调节学派的政治经济学拥有三个分支，但都采用历史的分析方法，共同目的是系统性理解资本主义的动态发展；聚焦于资本主义的转型。她在金融制度、竞争形式、工资制度、国家与经济的关系，以及国际经济关系这些调节学派的核心概念上均有建树。

雅尼－卡特里斯教授近年来有大量研究成果聚焦在统计政策与量化社会科学、从大数政治学到目标驱动的政治学和经济绩效评估与测度上。她根据法国的实际，对比分析了关于法国区域性福利测度指标的若干体系，研究测算和使用价格指数的矛盾，评价公共政策或测度公共服务的绩效，研究国家的财富及福利水平测度、新的财富指标的关键创建与评价方法、建立社会可持续发展的新指标体系，包括联合国开发计划署的 HDI、HPI 指数、ISH 指标、“生态足迹”指数及法国的“Bip40”指数。重点包括这些指标体系的产生背景、采用的主要测度要素、发布过程中出现的新问题，以及研究人员做出的相应调整。

雅尼－卡特里斯教授还研究了在法国创建“个人服务”行业的可能性、服务业体系与就业体系的国际比较、技能低下的劳动力及性别问题。她的研究方向在于主要发达经济体二战后经历的从制造业向服务业的结构转变模式，不仅分析了服务业驱动增长的理论，而且梳理了各种模式对应的制度和文化框架。

2016 年，我们通过国家外专局聘任弗洛朗丝·雅尼－卡特里斯为我院的专家，在我院做了三次讲座，在讲座期间聘任她为兼职教授，我和她就调节学派和中国特色社会主义政治经济学进行了对话，期间她送了自己的三本著作给我，我读了以后深受启发，萌生了翻译的想法，于是委托康蓉老师联系翻译事宜，经过紧张的工作，在完成《财富新指标》《总体绩效：资本主义精神》翻译的基础上，最近又完成了《经济增长值得期待吗》一书的翻译工作。

《经济增长值得期待吗》主要研究的是面对地球上资源的有限性，不惜一切代价地追求经济增长是否还具有合理性。这本书的内容除去前言和总结论共计八章。

在前言中，作者首先提出了一个疑问，那就是地球上的资源，尤其是自然能源是有限的，面对资源的有限性，不惜一切代价地追求经济增长还具有合理性吗。这个疑问成了贯穿全书的主线。提出这个疑问之后，作者进一步分析了经济增长在历史上的重要作用，以及生产本位主义式的经济活动所导致的生态危机，提出后增长时代的发展模式必须既满足每个人的基本所需，又能够确保所有人类在生活中顺应自然、爱护自然，和谐相处。作者认为，实现这个目标首先就需要我们形成一个共识：将后增长时期的发展模式变得为所有人所接受、向往。

第一章主要研究了什么是经济增长，主要梳理了有关 GDP 的一些历史知识，并且搞清楚我们是如何一步步最终将 GDP 这一数据集合视为衡量“财富”创造的指数的。作者主要梳理了英国重商主义者、西蒙·库兹涅茨、克拉克·沃伯顿、科林·克拉克、凯恩斯对国家收入的估算。通过对历史的梳理，作者认为国民经济核算体系的形成事实上非常鲜明地强调了国家、政府、公共支出以及凯恩斯乘数在经济活动中的决定性作用。另外，该体系还将经济增长的重要性置于首要位置。

第二章主要研究了经济增长的千年历史。人们在第二次世界大战之后才开始衡量经济增长，但是在这之前就已经有经济增长的现象。作者主要分析了经济增长的发展阶段，分析了华尔特·罗斯托和安格斯·麦迪森对经济增长阶段的研究，以及让·弗拉斯蒂埃在《黄金三十年》中对经济增长阶段的研究。

第三章的标题是“发达国家注定要微增长吗”。在1950—1973年的黄金年代之后，欧洲经济增长放缓，生产力也随之下降。本章主要对黄金30年之后的经济增长乏力进行了研究。

第四章主要研究了经济增长所带来的损失，核心是讨论具有争议性的关系：经济增长与经济福利、经济增长与幸福；并分析了应对气候变化所需要的经济预算。

第五章主要研究了绿色增长。作者把绿色增长看成理想的解决办法，因为它在满足环境保护需要的同时，能持续为社会提供经济增长的发展潜力。然而绿色增长的概念过于模糊，其具体的衡量措施也充满争议。作者在分析绿色增长问题的基础上，也分析了各种推动经济增长的观点。

第六章主要研究服务于新模式的新指数。针对将经济增长作为社会进步的指数、GDP 作为财富增长唯一标志的弊端，在努力解决这种弊端的过程中所进行的各种创新性研究包括：国民经济核算的初步尝试、可持续人文经济发展指数、货币化指标、财富新指标法等。

第七章主要研究了后增长时代的社会模式。作者认为没有经济增长，失业状况就得不到改善，生活水平就无法提高，这就使得经济增速持续减缓这一现象格外令人担忧。然而，经济高增长率至少在目前与生态是相矛盾的。针对这个矛盾，作者研究了无增长式创造就业机会、后增长时代社会的就业及工作、稀释工作强度、重建社会模式等问题。

第八章主要研究了后增长时代的变化。作者支持实施一种能够在物质和精神上满足所有人的新型发展模式，这种模式与国内生产总值的水平没有太大关联。作者分析了世界市场的深刻变化、组织和机构的作用、增长之外的新社会运动。

全书的结论是，要摆脱意识形态对经济增长的执念，就要重新设想新的政治经济关系，尽可能考虑更强合作性行为的合理性，同时还要将共同财富置于智力项目的核心地位。要建立一个恢复增长水平、基于后增长社会视角的新模式，需要一个将政治和跨学科研究视为智力工作核心的政治经济项目。

十九大做出了中国特色社会主义进入了新时代的重大判断。习近平新时代中国特色社会主义经济理论提出了绿色发展、生态文明、由高速增长阶段转向高质量发展阶段等新的发展理念，本书对经济增长问题、气候问题、绿色发展问题、后增长时代社会模式问题的研究，对于我们理解十九大精神，研究新时代中国特色社会主义经济发展，推进中国特色社会主义政治经济学的研究都具有重要意义。

这本书能够付梓，要感谢弗洛朗丝·雅尼-卡特里斯教授和我们的合作，以及她在版权方面积极的努力。西北大学经济管理学院的康蓉副教授联系调节学派专家（特别是雅尼-卡特里斯教授）、申报国家外专局项目，雅尼-卡特里斯教授的几次来访，康蓉都做了许多工作。同时感谢西北大学学科办、国际合作与交流处对此项工作的支持。

2017年11月于西北大学

前言

20世纪70年代以来，大多数发达国家都迫切希望：让经济增长再次到来吧！然而，欧洲大陆随处可见的却是经济增长的疲软。与此同时，对减少温室气体排放的关注却日益明显。无疑，造成温室效应的气体排放以及其他环境恶化的部分原因与经济活动是紧密相关的。地球上的资源，尤其是自然能源是有限的。面对资源的有限性，不惜一切代价地追求经济增长还具有合理性吗？从这个角度来看，如下疑问贯穿了本书始终：经济增长是可能的吗？它是正当的愿望吗？

经济增长在历史上的重要作用

有据可查的经济增长源于第二次世界大战之后，它的出现伴随着国民经济核算体系的建立。这一核算体系是政治经济学漫长的发展历史的产物，其最终的功能是核算、衡量复杂的综合财富创造（详见第一章）。经济增长表现出活力始于19世纪初的工业革命，而我们所谓的“黄金三十年”[①] 也是一个独特的时期（详见第二章）。实际上，由于受益于增长，经济活动发展良好并一直持续到20世纪80年代初。此后，经济发展明显放缓，在西方国家表现得尤为突出。微增长的局面引起人们对于经济增长停滞的可能性及其可接受的特征的争论。同时，微增长的事实也与之前几十年占主导地位的经济理论背道而驰。这些理论强调内生增长的长期性，甚至认为增长具有无限性。

与生产本位主义的决裂

经济活动，尤其是生产本位主义式的经济活动，是导致生态危机的主要因素。它将地球送入一个地理新纪元：人类世——一个以人类印记为标志的从未出现过的地球状态。然而，另一方面，增长无可否认又是发展与进步的源泉（我们自然地想到了死亡率尤其是婴儿死亡率的下降，

① Trente Glorieuses，特指1945年至1975年这段时间。在这三十年期间，法国经济快速增长，并且创建了高度发达的社会福利体系。法国人民工资大幅上升，生活水准大大提高。许多农村人口迁移至都市，法国完成城市化，重新成为经济强国。——编者注

全球大部分地区饥饿问题的解决，日常生活的改善等)。因此，我们应该认真思考与增长相关的整体政策的发展方向。毕竟，在当前的经济环境中，增长正在制造不平等，而且增长也不具有再分配的特征——而我们总是奢望增长具有这一特征，因为二战之后几十年间的增长是具有再分配的调节功能的（详见第四章）。尤其不可忽视的是，增长还会导致我们付出越来越高昂的经济代价，有时这些代价甚至是无法挽回的。这使得无限增长的“绿色”可能性备受怀疑。

后增长时代的社会是什么样的?

事实越来越明确：我们必须学会放弃增长，不应再将其视为发展与进步的起点，哪怕它是绿色的。然而，若真要将这一雄心付诸实践，则需要一系列的具有首创精神的建议。这些建议必须催生出环境保护与社会发展转型后的新指数（详见第六章），还需要将转型的细节具体化。尤其对于富裕国家来说，转型必然伴随着相对收入的减少，以及生产体系的深度调整，如再定位生产系统、摆脱生产本位主义、以社会发展和环境保护为中心等；同时还将伴随着消费模式的转变，会偏向于适度消费。也只有这样，最易波及弱势群体的污染环境的垃圾排放才能得到有效遏制。根据这些建议来实施相关计划，显然需要庞大的公共投资，而且亟须国家调控的回归，尤其是它的预测性、计划性以及协调性功能。在其他条件具备的基础上，这些计划将会创造就业机会，而如何提高这些就业机会的质量也将会被提到日程上来（详见第七章）。如此重大的转向绝不会建议削弱国家层面的社会调控。作为减少社会不平等的基本条件，社会保障系统的改善将代替转型期的安全行动（详见第八章）。

转型的紧迫性是不言而喻的，我们不仅在跟时间赛跑，还在跟气候变化及其结果赛跑，跟日益扩大的经济、社会不平等赛跑。正视后增长计划，理想的做法必然要求建立相应的关于提高全人类平均生活水平的思考逻辑：生活水平的提高应该受到环境的约束，应该使每个人平等地接受教育、拥有健康。简单来说就是：后增长时代的发展模式必须同时既能够既满足每个人的基本所需，又能够确保所有人类在生活中顺应自然、爱护自然、关心自然，与他人和谐相处。实现这个目标首先就需要我们形成一个共识：将后增长时期的发展模式变得为所有人所接受、向往。

第一章　什么是经济增长？

如无其他特殊要求，将增长阐述清楚需要将增长定义为经济增长，更确切地说，就是国内生产总值（GDP）的增长。GDP是国民经济核算体系中最为重要的统计指标。在阐述这个量值之前，我们还应梳理一些历史知识，并且搞清楚我们是如何一步步将这一数据集合最终视为衡量“财富”创造的指数的。

测量国力

GDP里面的P代表生产，然而，在“生产”之前，对于一个国家来说，“收入”才是众多测量手段的目标。早在1664年，威廉·配第（William Petty）——奥利弗·克伦威尔（Oliver Cromwell）将军的医生兼顾问，估算出英国的总收入是4000万利弗尔[1]，其中包括土地收入、产权收入和工资收入。二十多年之后，英国军队最高长官格里高利·金（Gregory King）估算出的总额要略微低一点：3400万利弗尔。这样的估算结果出现于当时英国重商主义（认为对外贸易使国家富强）的历史大背景中。重商主义者的目的是加强国力，自然就一定会涉及改善税收的计算，同时也会涉及估算与比较军事实力、经济实力，以及最终的国家实力（Fourquet，1980）。

三百年之后（参考安德烈·瓦诺利[2]的《国家会计史》），美国经济学家、诺贝尔奖得主西蒙·库兹涅茨1932年对美国的国家收入也进行了估算，当时是为了回应参议院对1929—1932年间经济大萧条数据的统计要求，他在1934年发布了自己的统计数据。按照他的统计，国家收入由各种经济活动和收入加总而成。同是在这个时代，也发展出了国家支出的估算统计法。克拉克·沃伯顿（Clark Warburton）第一次使用了“国家生产总值”的表述，以描述消费总额和资本的积累。二战之前的几十年里，与之相

① 利弗尔，法语为livre，法国旧货币，含金量为3.88克，1利弗尔等于1法郎。——编者注

② André Vanoli. Une histoire de la comptabilité nationale，2002.

关的经济学研究成果是非常丰富的。这一方面是因为多种严谨的统计理论在多个国家都公开发表（英国经济学家科林·克拉克1940年将这些理论全部集中在他的《经济进步的条件》[①] 一书中）；另一方面是因为凯恩斯理论的传播——这一理论强调并阐述了宏观经济学中的几个重要的概念：消费、投资、储蓄以及收入。

约翰·梅纳德·凯恩斯（John Maynard Keynes）的《就业、利息和货币通论》出版于1936年。这本书所有论证的中心就是收入与产出的基本平衡，正是由于这个观点的提出才诞生了国民经济核算。国民经济核算将一个国家整个国民经济以数字的形式统计出来，涉及的是不同经济要素所产生的综合经济活动：国民总收入与总产出相等；总产出与总支出也相等，后者是消费与投资的总和。

企业所生产出的产品与服务在市场中得以实现其价值。这部分价值与生产者想要获得的收入是等值的。这个理论使私营经济实体之间建立紧密的联系，这些联系组成了生产过程并催生了国民经济核算。收入与产出的等值，或者说收入与增加值的等值（因为产品也可以不

① Les conditions du progrès économique

被销售，而是被储存起来），既属于微观经济学范畴，也属于宏观经济学范畴。一个国家的总体增加值是所有经济单位（主要是企业）增加值的总和。这个观念不仅促成了国民经济核算的施行，也代表着国民经济核算的基础理念。

最初的国民经济核算产生于二战期间，由英国战时内阁中与凯恩斯一起工作的詹姆斯·米尔德和理查德·斯道恩着手实施。他们在 1941 年发表了一本白皮书，书名就明确强调了战时金融统计与国民经济核算的必要性：《1938、1940 年战争财政来源分析与国民收入分析》（An Analysis of the Sources of War Finance and Estimate of the National Income and Expenditure in 1938 and 1940）。正如经济学家弗朗索瓦·富凯（1980，P151）在试图理解“产出”这一因素对于国民经济核算的显著影响时所解释的那样，“……增加一个国家的战时财富与国力的是生产。一个国家军事实力的背后是这个国家的经济。经济不仅是国家的尖端武器，也是国力的内在支撑与中坚力量。经济就是战时国家的后勤处。”

法国的国民经济核算与英国独立发展于同一个时代，做出最大贡献的是全国统计及经济研究所（Insee，全称为 Institut national de la statistique et des études économiques）的统计学家安德烈·文森特（André Vincent）。在他看来，国民经济核算就是企业经营核算的综合，只不过这一综合的过程是由其他人来完成的——这些人聚集在新成立的经济与金融研究处。

富凯将这套国民经济核算体系视为对法国战前所谓的马尔萨斯主义的回应。与他同属国民经济核算派的先驱们认为当时的马尔萨斯主义会导致经济的倒退和萎缩。“几乎所有被调查者（即书中所提到的做问卷调查的人）”，富凯（1980，PXIX）写到，“都表达了自己的厌恶——对当时经济疲软、国力退化已达一个多世纪的法国依然盛行的马尔萨斯主义的厌恶。他们深深感受到了失败所引起的阵痛。同时，他们不管是爱国主义者还是国际主义者，又或者二者都是，全部都投入到努力的工作当中——以期法国成为一个‘现代而富强’的伟大国家。”

国民经济核算体系的形成事实上非常鲜明地强调了政府、公共支出以及凯恩斯乘数在经济活动中的决定性作用。另外，该体系还将经济增长的重要性置于首要位置。法国国民经济核算体系的建立就是为了连续地统计国家财富的增长，即国民生产总值的增加。建立这套体系的人所感兴趣的就是增长的奇妙结构与组成：“(20 世纪) 30 年代，让格鲁松（即Gruson，金融监管者，1950 年负责准备国民经济核算和国家经济预算的专家委员会成员之一）和德尼热（即 Denizet，国库司负责人）感到愤慨的并非经济的动荡，而是经济的衰退，以及面对如何走出衰退时的无知与无能为力。”

凯恩斯与凯恩斯乘数原理

20 世纪 30 年代在全世界引起重大影响的约翰·梅纳德·凯恩斯所创立的宏观经济学，从 60 年代起在学术界由于新古典主义经济学的强势影响而式微。

在凯恩斯看来，政府在宏观经济政策中扮演主要角色。它尤其应该支持、维护有效需求，即企业的“订单”总量，因为有效需求的总量决定着是否会产生结构性就业不足。凯恩斯乘数是指政府的公共投资将引起生产的倍增，相反，公共投资紧缩会导致国内生产总值成倍减少。不过，2013 年国际货币基金组织有关政策紧缩时期的凯恩斯乘数的研究报告，却引起了一场激烈的争论。

由于对政府角色的看法有别，对于 18 世纪和 19 世纪以及 20 世纪 40 年代和 50 年代生产能力究竟起到什么样的作用，众说纷纭，分歧很大。18 世纪时政府被视为一个负担，是无用和不事生产的象征。在古典政治经济学看来，“政府觊觎国家财富”（富凯语），亚当·斯密认为“最高统治者”应该尽量降低自己的位置。改良主义者受凯恩斯的影响，认为与平衡公共财政的职能相比，政府更应该为整个生产系统持续不断地注入活力，更应该培训和支持私人生产者并增强他们的经济活动的影响。历史学家罗伯尔·巴克斯东（Robert Paxton）在他的著作《维希法国[①]》（La France de Vichy）中就指出，“有计划的增长与如何生产，这就是当下的老生常谈。”弗朗索瓦·富凯（1985，P34）在引用巴克斯东的这句话时也同意他的另一说法，“正是在维希法国，为增长唱赞歌这一过去鲜有所闻的现象成了人民的心声……怀旧的情绪已经荡然无存。过去凭借均衡发展和节俭精神得以比邻国豪华奢侈的旧习完全消失，起而代之的梦想是如何建立一个以高速发展、百业俱兴、经济增长而与其他大国相竞争的新法国。”

法国经济学家让·弗拉斯蒂埃于1979年出版了《黄金三十年》，这本书着力描写了两个小镇——马德拉和瑟萨克。当后者绽放出“经济发展”的主要特点时，前者在弗

① 维希法国是指第二次世界大战期间纳粹德国占领下的法国傀儡政府，亦被称为维希政权、维希政府。1940年6月德国占领巴黎后，以贝当元帅为首的法国政府向德国投降，1940年7月政府所在地迁至法国中部的维希（Vichy），故名。维希政府在被德军占领的法国北部领土（即占领区）还保有一些权力，但其主要统治包括其政府驻地维希在内的非占领区，约占法国本土领土面积的五分之二。——编者注

拉斯蒂埃的笔下还处于“欠发达”的状态。在马德拉，主要劳动人口都从事农业生产，化肥的应用相当少，饮食开销占了消费总量的四分之三，并且其中一半还都是面包和土豆。那里的人最普通的肉每周也只能吃一次，不知道有黄油这种东西，普通的劳动者要付出 24 分钟工作所得才买得起 1 公斤面包。在瑟萨克，平均生活水平则要高出 4 ~ 5 倍，农业人口占少数，从事第三产业的群体为主导，农业的生产力是马德拉地方的 12 倍。人们使用更为高效的机器，几乎每个家庭都有成套的现代起居设备，小镇街道上的繁华景象不亚于一个大城市。劳动者们只需要付出十分钟的工作所得就可以买到他所需要的面包。

很快，弗拉斯蒂埃揭示了其中的奥秘：这两个小镇其实是另一个小镇的缩影，杜埃勒。马德拉就是 1946 年的杜埃勒，瑟萨克则是 1975 年的杜埃勒。“我们难道不应该说正是黄金三十年造成了马德拉和瑟萨克的天壤之别，让法国摆脱了千年来的贫穷，把单调的传统生活在水平和类型上都变成了现代生活?”弗拉斯蒂埃问道。很明显，他的答案是肯定的。因为经济增长最主要的效果就是提高了生活水平，也就是说提高了国民的平均消费能力。它还带来了许多其他的变化：平均寿命的延长，工作时间的缩短，劳动人口和就业结构的改变……法国当然不是唯一一个在麦迪森划定的“黄金时代”里经历了巨大转变的国家。大部分 OECD（经济合作与发展组织）的成员国都在此列。如果除开二战刚刚结束的那段时间，OECD 成员国年均增长率可达 4%。其中，我们能划分出三个层次：美国和英国的增长低于平均水平，分别是 3.9% 和 2.9%，法国、德国、意大利略高于平均水平，分别是 5.1%、6% 和 5.6%；日本则呈现出近 10% 的惊人数据。造成这些高增长率的原因可以被解释为一种经济赶超现象，也可以说是因为马歇尔计划对欧洲战后经济重建的扶持——该计划提供了投资所需资金，确保了生产设备的现代化，从而也确保了生产力的提高。此外，新技术的使用、新产品的问世以及消费社会的到来也非常重要。伴随消费社会到来的是家庭物资的大量配备（家用电器、汽车……）。

第二章　经济增长：一部千年史

我们不能因为人们在第二次世界大战之后才开始衡量经济增长，便说在这之前就没有经济增长的现象。我们面临的最主要的问题是，既要对经济增长进行量化，又要分辨出它的发展阶段，还要懂得其中的缘由。

经济增长的发展阶段

美国经济学家华尔特·罗斯托于 1960 年出版的《经济增长的阶段》提出了一种线性的解释模式。他描述的社会发展经历了以下阶段：传统阶段——主要生产活动为农业，社会等级森严，人均 GDP（国内生产总值）难以增长；然后是为经济起飞创造前提的阶段（通常有农业生产技术的革新，但也伴随着政治和宗教的动荡），接下来是“起飞”阶段（对工业的大量投资带来了巨大的生产增长），再后来社会经历了一段“成熟”时期（第二次革新浪潮使经济增长得以自给自足)，随后迎来了“大众高消费”阶段。罗斯托的研究受到了很多质疑，最有争议的方面一是不同社会阶段太过明显的特征，二是一个社会阶段向另一个阶段过渡的原因。

英国经济学家安格斯·麦迪森根据 GDP 的变化情况整理出一套长期、详尽的 GDP 数据。这套数据带来的珍贵信息大大优于罗斯托提出的特征过于标准化的经济发展阶段论。该数据在世界范围内重现了人类纪元以来的经济发展趋势，并展现出欧洲遥遥领先于世界其他地区（尤其是和人类第二个千年之初经济实力全球最强的中国相比）过程中各个进步明显的阶段。

公元 1000 年左右，西欧人均收入低于中国、印度和其他东亚、西亚地区，处于最低点。然而，从 11 世纪开始转机出现了，西欧的经济开始腾飞。首先带动这次经济增长的是意大利北部的城邦，尤其是威尼斯。到了 14 世纪，西欧的人均收入赶超了中国（亚洲第一经济体)。麦迪森认为，欧洲人均收入突然加速始于 1820 年，尽管在工业革命之前西欧已经比同期世界上其他地区都更加富有。

在一份简明扼要的概述中，麦迪森总结了欧洲经济发展的各个阶段，展示了其独特性：“我们的宏观经济统计数据显示了全球长期发展中西欧的经济成就：在公元 1000

年，西欧的收入水平低于亚洲和北非；到了 14 世纪，由于一场持久的复苏，西欧经济赶超了世界经济实力最强的中国；到了 1820 年，西欧的收入水平和生产水平达到世界其他地区的 3 倍；到了 1913 年，西欧及其移民国家的收入水平达到了世界其他地区 7 倍。”（Maddison，2001）

对于这场重大变化的原因，众说纷纭，也引起了很多争论。这一变化与欧洲社会息息相关。凯恩斯认为，总体上经济增长的根源在于 16 世纪新大陆与欧洲之间的金银贸易持续不断地给欧洲带来利润，形成了资本积累。而安格斯·麦迪森则认为原因是多样的。在他看来，西方很早就取得了优势，以至于到 1950 年时在全世界占据了巨大的份额，部分是由于西方国家在文艺复兴和启蒙运动时期逐渐转变了社会制度。其中，“最重要的原因是认识到了人类通过科学理性及实验的方式改造自然的能力。也就是说从 17 世纪开始，西方的精英人士抛弃了迷信、魔法，不再臣服于宗教的权威。”（Maddison，1992）

在此我们看到了德国社会学家马克斯·韦伯的研究产生的影响，他在作品中强调及对世界认识的合理化非迷信化进程在资本主义发展中起到了决定性的作用。韦伯认为，宗教迷信的统治对于经济的合理化发展是最大的阻碍之一。它意味着“面对科技与经济的刻板态度”。韦伯列举了发生在中国的冲突：某些地区的铁路和工厂建设遭到了强烈反对，理由居然是这会打扰当地神灵的安宁。这位社会学家还记录了资本主义诞生（以及后来生产发展）的其他必要条件，第一条是“将合理化的资产账户（un compte de capital rationnel）作为标准使用”，这项措施可以让所有大型营利性组织实现生产成本的核算，从而评估利润。这与 20 世纪国民账户的发展也有着明显的联系——国民账户在全国范围内规范化、系统化了该标准的使用。韦伯还补充，这是最具有普遍性的必要条件，它预见了自身的一系列革新与变化：私营企业可以自由地拥有生产所需的物质设备；买卖自由；生产和交易的技术理性①（即可计算的）；合理化的权利（un droit rationnel）（即保证行动的可预见性）；劳动自由；经济的商业化。

麦迪森在综合了对这一议题的众多研究后，清点了西欧经济发展的原因：“西方资本主义文明的第二个必要条件是对企业家作用的看法。人们废除了对财产买卖的封建约束，建立了保护财产权益的神圣不可侵犯的法律系统，这些举措加上会计系统和贸易法规的发展，都使合同体制能

① 技术理性是将技术规则作为一种目的、理性的活动系统。——编者注

够在更大范围内执行，也使盈亏的合理计算成为可能。最终，众多可靠的金融制度和金融工具的发展都为经济的迅速增长做出了贡献；税务征收变得不再像原来那样随意，而是更加可预测了。”

麦迪森指出，技术的进步、教育和人才的发展，以及伴随着新工艺产生的大量物质资本积累，都促进了经济的增长。他提到，1820 年男女学生的平均受教育时间可能不超过两年，并指出劳动力的平均受教育程度越高，就越容易吸收和发挥技术进步的成果。要充分利用技术的进步，首先要大量积累用于实现这些技术的生产设备，并通过增加基础设施来保证技术的运行。发达国家的主要的特征之一就是它们巨大的资本积累。

麦迪森划分的世界经济增长阶段

麦迪森将资本主义时期划分为五个不同的发展阶段：

——资本主义发展初级阶段（1820—1870）：增长速度缓慢，增长活力局限在欧洲国家和欧洲移民国家；欧洲在世界上占有绝对优势。

——加速增长时期（1870—1913）：受第二次工业革命的影响，经济增长率上升。

——战争的冲击（1913—1950）：受到两次世界大战的影响，国际贸易、资本市场、移民持续处于崩溃状态，经济增长低于应有水平。

——“黄金时代”（1950—1973）：宏观上经济增长的速度最快。

——增长放缓时期（1973至今）：除了巴西、俄罗斯、印度、中国以外，世界经济增长率降低。

世界经济在1950年到1973年间的增长速度是前所未有的，这一繁荣时期被称作“黄金时代”。全球GDP以大约每年5%的速度增长，而全球贸易额的增长率约为每年8%。这样的增长活力出现在世界的每个地区，而欧洲和亚洲经济增长的加快尤为明显。这一时期还出现了一定程度的地区融合，虽然主要表现为美国与其他发达资本主义国家（西欧和日本）之间的联系越发紧密。全球GDP在1950年到1998年间增加了6倍，年均增长率为3.9%，与之相比，1820年到1950年期间增长率只有1.6%，而1500年到1820年则为0.3%。上述的经济增长加速一定程度上支持了更加迅速的人口增长，人均实际收入的增长率则是每年2.1%，这一数据在1820年到1950年间为0.9%，在1500年到1820年间为0.05%，与资本主义早期相比，“黄金时代”增长速度加快了42倍，与资本主义时代最初的130年相比，也快了不止2倍。在过去的一千年中，全球人口增加了22倍，人均收入增长了13倍，GDP增长了大约300倍。如果说欧洲在1820年之前增长率已经开始上升，而这一年标志着增长率的分水岭，那它也不过只是一个开端，经济增长在后来的日子里变得越来越快。欧洲年均产值的增长率在1820年到1870年间为1.65%，到了1870至1913年间已经超过了 2.10%。然而，最让人最叹为观止的发展时期还要数 1950—1973 年，这段时期的年均增长率达到了 4.8%。表 2.1 显示了 1950—1973 年这一段被麦迪森命名为“黄金时代”的时期不同寻常的特点。

表 2.1　GDP 变化：全球及主要地区（0—1998）

（单位：十亿美元）

年份	0	1000	1820	1998
西欧	11.1	10.2	163.7	6961
欧洲移民国家	0.5	0.8	13.5	8456
日本	1.2	3.2	20.7	2582
A 组合计	12.8	14.1	198.0	17998
拉丁美洲	2.2	4.6	14.1	2942
东欧和苏联	3.5	5.4	60.9	1793
亚洲（除日本外）	77.0	78.9	390.5	9953
非洲	7.0	13.7	31.0	1939
B 组合计	89.7	102.7	496.5	15727
全球	102.5	116.8	694.4	33726

资料来源：Angus Maddison, op. cit., p. 28

表 2.2　GDP 年增长率：世界及主要地区（0—1998）（%）

年份	0—1000	1000—1820	1820—1998
西欧	-0.01	0.34	2.13
欧洲移民国家	0.05	0.35	3.68
日本	0.1	0.23	2.75

续表

年份	0—1000	1000—1820	1820—1998
A 组合计	0.01	0.32	2.57
拉丁美洲	0.07	0.14	3.05
东欧和苏联	0.05	0.29	1.92
亚洲（除日本外）	0	0.2	1.84
非洲	0.07	0.1	1.99
B 组合计	0.01	0.19	1.96
全球	0.01	0.22	2.21

资料来源：Angus Maddison, op. cit. , p. 28

表 2.3　GDP 增长率：人均国民生产总值年增长率
全球及主要地区（1000—1998）（%）

	1000—1500	1500—1820	1820—1870	1870—1913	1913—1950	1950—1973	1973—1998
西欧	0.13	0.15	0.95	1.32	0.76	4.08	1.78
欧洲移民国家	0	0.34	1.42	1.81	1.53	2.44	1.94
日本	0.03	0.09	0.19	1.4	0.89	8.05	2.34
亚洲（除日本外）	0.05	0	-0.11	0.38	-0.02	2.92	3.54
拉丁美洲	0.01	0.15	0.1	1.81	1.42	2.52	0.99
东欧和苏联	0.04	0.1	0.64	1.15	1.5	3.49	-1.1
非洲	-0.01	0.01	0.12	0.64	1.02	2.07	0.01
世界	0.05	0.05	0.53	1.3	0.91	2.93	1.33

资料来源：Angus Maddison, op. cit. , p. 28

黄金三十年：经济增长的原因

法国经济学家让·弗拉斯蒂埃于1979年出版了《黄金三十年》（Les Trente Glorieuses），这本书着力描写了两个小镇，马德拉（Madère）和瑟萨克（Cessac）。当后者集中表现出“经济发展”的主要特点时，前者在弗拉斯蒂埃的笔下还处于“欠发达”的状况。在马德拉，主要劳动人口都从事着农业生产，化肥的应用相当少，饮食开销占了消费总量的四分之三，并且其中一半都是面包和土豆。人们每周只吃一次肉——一般情况下——不知道有黄油这种东西，普通的劳动者要付出24分钟所得才买得起1公斤面包。在瑟萨克，人们的平均生活水平则要高出4～5倍，农业人口占少数，在第三产业就业的群体为主导，农业生产力是马德拉地方的12倍。人们使用高效率的机器，几乎每个家庭都有成套的现代起居设备，村庄的街道几乎和大城市的一样车水马龙。

很快，弗拉斯蒂埃揭示了其中的奥秘：这两个村子其实是另一个小镇的缩影，杜埃勒（Douelle）。马德拉（Madère）就是1946年的杜埃勒，瑟萨克则是1975年的杜埃勒。“我们难道不应该说是黄金三十年造成了马德拉和瑟萨克的天壤之别，将贫穷的法国变成了富翁，把朴素的传统生活在水平和类型上都变成了现代生活?”弗拉斯蒂埃问道。很明显他的答案是肯定的。因为经济增长最主要的效应就是提高了生活水平，也就是说提高了国民的平均消费能力。它还带来了许多其他的变化：平均寿命的延长，工作时间的缩短，劳动人口和就业结构的改变……

法国当然不是唯一一个在麦迪森划定的“黄金时代”里经历了巨大转变的国家。大部分 OECD（经济合作与发展组织）的成员国也都在此列。如果我们除开二战刚刚结束的那段时间（l'immediat après guerre），OECD 成员国呈现出年均 4% 的增长率。其中，我们能划分出三个层次：美国和英国的增长低于平均水平，分别是 3.9% 和 2.9%，法国、德国、意大利略高于平均水平，分别是 5.1%、6% 和 5.6%；日本则呈现出近 10% 的惊人数据。造成这些高增长率的原因可以被解释为一种经济赶超现象，也可以说是因为马歇尔计划对欧洲战后经济重建的扶持，该计划为投资提供了资金，确保了生产设备的现代化，也就确保了生产力的提高。此外，新技术所扮演的角色也至关重要，新产品的问世，伴随着大量物质家居设备的消费进入社会（家用电器、汽车……）。

如果说欧洲黄金三十年发生在 1950 到 1973 年，那么，被麦迪森叫作“亚洲复兴”的经济增长率大幅上升时期则要出现得晚一点，发生在1980到1990年。麦迪森将这十五个国家和地区分为两组，其中一组包含了增长率极高的七个国家和地区：中国、中国香港、马来西亚、新加坡、韩国、中国台湾和泰国。它们的年均增长率在1973—1990年间为5.1%，在1990—1999年间为5.8%，在很大程度上赶上了“旗舰”国家，还（不同程度地）实现了像黄金时代的日本那样的大飞跃。

要如何解释增长的活力呢？在描述完“两个法国”的特征后，弗拉斯蒂埃用了大量的篇幅来解释这一飞速变化的原因。他的回答在于一个词：生产力。他写道，决定性的因素是“人均国民生产值（national production per person），它决定了工作的效率。…生产力的提高是更高效的技术程序的结果：劳动组织、企业和国家组织、实验科学的发现与发明带来的更简单高效的生产程序，机器的安装与使用、机械能的应用……这些因素造成的整体的效能进步叫作技术进步……它最基本的原因是实验科学的发展不断地增加了人类改造自然的能力。”最后，弗拉斯蒂埃提到“对于持续工作的时间，生产力增长是一个和人均国民生产总值的增长混合在一起的因素”。弗拉斯蒂埃认为，生产力是理解当今社会和经济的关键。

古典的经济增长理论讲述的也是同一个道理。我们回想一下亚当·斯密在《国富论》中选择制针手工工场来展示生产发展和劳动生产率发展之间的关系（除此之外亚当·斯密还谈论了劳动生产力）：“通过分工，在同样多人手的情况下，产品数量大幅增加，是由于三个不同的因素：第一，是因为每个工人各自熟练度的增加；第二，是因为节省了工人从一种零件工序换到另一种中浪费掉的时间；第三，是由于大量机器的发明简化了工作，让一个人可以做完好几个人的工作。”古典理论和马克思都认为，经济增长并不能一直持续，前者认为农业的收益会逐渐下降，对后者来说工业同样如此。

20 世纪下半叶（黄金时代及其后来的增长放缓时期），对于经济增长的原因产生了许多不同的理论。美国经济学家罗伯特·索洛认为，资本的利润会逐渐减少，只有技术进步能解决这个问题，而技术进步是外生并且无根据的，因此经济的增长率等于技术进步率。对于这一假说，许多内生经济增长理论提出了异议，认为所有因素都是可以积累的，尤其是人力资本，并认为资本收益是持久稳定的。在后来的修订版里，生产线性地依赖于资本（包括人力资本），它的进度与资本代理人的表现和资本的边际生产力相关。经济增长来源于三个因素的积累：实物资本、技术资本和人力资本。技术进步不再是外生的、超出经济活动范围的，而是内生的，它随着经济增长的进程而产生，又反过来促进经济增长。

劳动生产率、资本生产率、全要素生产率

经济财富的创造来源于“生产要素”，即劳动和资本的结合。劳动生产率是通过单位时间内的产出来计算的，从1870年到1992年，劳动生产率在日本增长了不止40倍，在法国和德国增长了大约20倍，在美国超过10倍。雇员人均占有资本量（资本集约度）也经历了巨大的增长。我们可以通过柯布－道格拉斯方程来模型化生产和投入的生产因素之间的关系：$Y=f(K, L)$。在这个方程中，影响产出增长（Y）的其中一部分变量就是投入的生产要素的总量，也就是投入的资本（K）和投入的劳动力（L）数量。美国的罗伯特·索洛和法国的让－雅克·卡雷、保罗·迪布瓦，以及埃德蒙·马兰沃都不约而同地强调，生产要素总量的增加使我们不能再只着眼于一小部分被观测到的经济增长，而必须考虑到其他因素的作用才能解释“残差”，这里的后续影响通常被称为“技术进步”。然而这个术语并没有考虑到要素的多样性，还有其他的成分在改善生产要素的全球生产力（比如新的科学知识、工作技术的改善、经验的积累、高水平劳动力的增加、更高效能的科技、更完善的生产管理）。

经济学家保罗·罗默建立了内生经济的开创性模型,其中的决定性因素是投资,它不仅是经济增长的直接来源,还推动了技术进步(Guellec & Ralle, 2003)。内生经济增长理论着重研究了技术进步的内容:技术的作用、产品纵向横向的分类的作用、专利的作用……对创新的分析变得非常重要,同样重要的还有优化人力资本的经济政策、教育水平和国家出资的公共基础设施。

新制度经济学的研究则强调了社会制度结构在经济增长中所起的决定性作用。例如,道格拉斯·诺斯指出,在保护财产权方面,公共服务质量、反腐败或法律法规系统能力起着主要作用。他尤其强调了激励机制的重要作用,例如专利保护对经济创造性与活力的作用,也就是对经济增长的作用。在他看来,经济增长的历史并不是资本积累或者技术进步的历史,而是制度进步的历史。

如果说创新(技术创新、社会组织和认知创新)曾是西方国家在19到20世纪经济增长的根源,那么,我们如今的问题则在于,其中的哪些因素能够用以保持甚至推动21世纪呈现疲态的经济增长。

第三章 发达国家注定要微增长吗

在 1950—1973 年的黄金年代之后，欧洲经济增长严重放缓，生产力也随之下降。这种现象有时会使分析家认为“黄金三十年”只是经济史上的一个特例，这种经济低迷也使得不可逆转的经济增长减缓或是停滞状态被重新热议。

经济增长大衰退

当务之急是研究经济学家安格斯·麦迪森（Angus Maddison）的统计数据：至少对于欧洲而言，黄金年代过后，随之而来的是一段经济增长严重放缓的时期。在 1973 年至 1998 年期间，西欧的 GDP（国内生产总值）每年增长 2.1%，而之前则是 4.8%。尽管美国已经成功保持了高水平的经济运行，但是从 1973 年起，其经济增长相比 1950—1973 年期间也相对较弱。尽管亚洲新兴市场表现不凡，但是 1973 年至 1998 年间，全球人均 GDP 的增长率（3%）只有 1950 至 1973 年间的人均增长率（9%）的三分之一。

为了解释全球经济增长差异的持续性以及全球经济增长的骤停，安格斯·麦迪森（Angus Maddison）提出了四次重大冲击："第一次冲击是 20 世纪 70 年代初期出现的对发达资本主义集团的三重挑战，即不断加速的通货膨胀、布雷顿森林体系的崩溃，以及 OPEC 提高石油价格的行动。第二次冲击是在 20 世纪 80 年代初期重创拉丁美洲的债务危机。第三次冲击是 1990 年左右日本出现的资产价格暴跌，它导致世界上曾经最具活力的经济体发生了惊人的通货紧缩。第四次冲击是 1991 年苏联的解体。"

对于西欧经济增长活力的骤停，麦迪森则给出了以下三条理由：人口增长的减缓、失业人口的剧增，以及劳动生产率增长的减缓——黄金年代每年的劳动生产率增长为 4.8%，现如今却下降到 2.3%。那么，该如何解释这种经济增长放缓呢？我们是否应该将其视作黄金年代人们一度认为已经消失的经济周期的衰退期卷土重来呢？还是这仅仅只是一个不得不经过的糟糕时期——一个周期的波谷，抑或是一个更令人担忧的现象呢？而这一现象使得分析家重新讨论起之前在古典经济学家间流行的稳态理论。

稳态理论

18 世纪的古典经济时期，经过托马斯·马尔萨斯（Thomas Malthus）（由于人口的更加快速增长），大卫·李嘉图（由于土地效益的逐渐降低），以及尤其是十九世纪的约翰·斯图亚特·穆勒（John Stuart Mill）的不懈研究，稳定状态理论大量涌现。前两位经济学家认为，从长远角度来看，经济会到达一种局面：经济生产最终会停滞而不再增长。这是一种不太理想的状态。至于约翰·斯图亚特·穆勒，在十九世纪中叶，他则相信在历经长期发展以后，由于人口和资本储蓄的稳定，社会经济也将趋于稳定。和前两位经济学家不同的是，他还认为这种经济稳定是完全可以与人文经济发展并存的。他在其 1848 年的著作《政治经济学原理》一书中提到："显而易见，人口和财富的稳定状态并不意味着人文经济发展的停滞，而是为所有的道德修养以及道德和社会的进步提供了更多的进步空间。"后来，这项研究得到了很好的继承，尤其是得到了乔治库斯－罗根（Georgescu－Roegen）的学生，同时也是生态经济的倡导者之一——赫尔曼·戴利（Herman Daly）的继承与发展。最近，新古典经济学家花费了巨大的精力去思考经济长期停滞的可能性（在盎格鲁－撒克逊诸国，长期停滞亦被称为 SecStag）。《长期停滞：事实、原因和对策》（Secular Stagnation：Facts，Causes and Cures）一书的作者——科恩·图林斯（Coen Trulins）和理查德·鲍德温（Richard Baldwin）表达了如下担忧："长期停滞是否仅仅只是旧式的经济增长放缓，现在下结论还为时过早。但是经济学家和政策决策者应该开始认真思考：如果长期停滞出现的话，我们应该如何应对，旧的宏观经济政策工具箱显然是无法适应的。”

关于经济骤停，有位当代作家在其《便捷时代的终结》一文中做出的回应十分有趣。此人便是“黄金三十年”这一说法的提出者，而这篇文章则出自他于1979年完成的同名著作。“从1968年或者1970年开始，”让·富拉斯蒂埃（Jean Fourastié）写道：“我就在等待‘黄金三十年’的结束。我的理由非常简单，并且我也曾多次阐述过，$2^{10}=1024$……实际上，2^{10}是一个大于1000的数值。一个数值翻十番后，变得比原先的数值大1000倍以上……你认为人们比现在只是多消费1000倍或者仅仅只是500倍或60倍吗？……根据全国统计及经济研究所（Insee）的指数显示，从1947年到1974年，这27年间法国工业生产量增加了5倍。假如是54年的话，也就是会增加25倍；81年会增加125倍，108年则会增加625倍。因此，保持这样的经济增长则意味着到2100年的时候，法国将生产1000亿吨的钢铁，而全球将要生产10万亿到15万亿吨的钢铁。

让·富拉斯蒂埃（Jean Fourastié）最后提出了三个方面

的原因，他认为正是这些原因使得我们离开了快速发展的轨道而进入了缓慢发展的轨道。在全球范围内，原材料的稀缺，尤其是机械能源的稀缺，以及信贷滥用和金融游戏，是回到正常时代的前两个原因。第三个原因则是大量发展中国家的经济腾飞。但这只是一个推理，一个结合了规范考虑（继续越来越疯狂的生产和消费，这是不合理的想象）和预测性考虑（有朝一日，资源终将短缺，信贷滥用将会引爆一切，并且第三世界国家也将会觉醒）的推理。这并不是经济学家和政治家在随后几年所采用的语言或者推理模式。所以，全球的政治家认为提高复合年均增长率是一个绝对的核心目标。而且富拉斯蒂埃提及的三大风险考虑似乎并没有被纳入经济模式。恰恰相反的是，在大多数人看来，那些经济模式使富拉斯蒂埃显得过于悲观。

尽管最近爆发了金融危机，但最后两条论据在今天却比以往任何时候都显得更加不切实际。第三世界国家融入国际贸易被认为可能会加强贸易，因此会有利于经济增长。金融系统的滥用似乎已被遗忘，而“金融创新会比较有利于全球经济增长”的想法却依然盛行。在《世界经济千年史》（2001）绪论的第 2 页，安格斯 · 麦迪森（Angus Maddison）除了列举经济增长的三个原因，还增加了国际贸易和资本流动两个原因。

对于富拉斯蒂埃提到的原材料或者稀缺资源的短缺这一严肃问题，一些经济模型建立在相信技术进步能够解决所有问题的基础上。它们即使没有忽略这一问题，至少也是认为解决方案就在手边。此外，当富拉斯蒂埃在撰写他的著作时，罗伯特·索洛（Robert Solow）已经发表了一篇关于这一主题的著名文章。我们不妨指出，新古典模型是基于“替代品”的可能性之上的：如果一种不可再生的自然资源枯竭，它的价格将会逐渐上涨，直到对它的需求不再存在，并且开发这种资源所带来的收入将促进其他方式的发展或者其他类型资源的开发。根据这些观点，人们终将会发现一种先天或后天生产的替代品，它将起到相同的作用，满足相同水平的使用或消费。因此，自然资源有限论的论据也是不攻自破的，将失去市场……

如今，经济学家感兴趣的是理解生产力的发展和明白经济放缓意味着什么。显而易见，国内生产总值（GDP）的低增长显然是与生产力挂钩的。自1973年以来，尽管欧洲一直在追赶美国的生产力，1973年西欧的生产力平均水平是美国生产力平均水平的三分之二，1998年是其五分之四，但欧洲的劳动生产率却仍然下降了。在此期间，美国的劳动生产率也缺乏活力：1950年至1973年美国的劳动生产率年增长率为2.8%，1973年至1998年则下降到了

1.5%，也就是说，比美国自1870年以来整个历史时期的劳动生产率还要低。

这种经济放缓意味着什么呢？对于欧洲国家而言，是不是停止赶超美国的结果呢？如果是这种情况，那么问题还没有就此解决：为什么美国自身也经历了一场可能导致其他国家步其后尘的经济放缓呢？而且在21世纪的头十年，这种生产率停滞不前与美国的大量投资是如何共存的？在新通信技术下，谁有可能促进生产力发展呢？这便是著名的索洛悖论。

表3.1　不同国家的生产率及人均GDP的年度变迁

	人均GDP（年变量）			每工时的生产率（年变量）		
	1950—1973	1973—1998	1998—2014	1950—1973	1973—1998	1998—2014
法国	4.1%	1.6%	1.0%	5.0%	2.5%	1.3%
德国	5.0%	1.6%	1.3%	5.9%	2.4%	1.3%
意大利	5.0%	2.1%	-0.1%	5.8%	2.3%	0.3%
英国	2.4%	1.8%	1.6%	3.1%	2.2%	1.3%
爱尔兰	3.0%	4.0%	2.4%	4.3%	4.1%	2.7%
西班牙	5.8%	2.0%	0.9%	6.4%	2.9%	0.8%
美国	2.5%	2.0%	1.1%	2.8%	1.5%	1.8%

资料来源：安格斯·麦迪森，《世界经济千年史》。联合国经济合作与发展组织（OECD）1998年更新数据。

索洛悖论的终结

1987 年，经济学家罗伯特·索洛在《纽约时报》撰文写道：“电脑的应用在其他领域随处可见，唯独没有对生产率统计产生任何影响。”这使得新经济的支持者陷入了困境，对于他们而言，新技术的传播可能会对经济增长具有积极作用，甚至可能会制造出全球规模的新增长动力。矛盾是多维度的（Greenan & L'Horty，2002）：新技术广泛传播的时候，生产效益反而下降了；新技术的发明者们并不是最了解生产效益的人，而最常使用这些技术的部门却比其他部门的生产效益更差。

针对这个悖论，反应各异。第一种反应认为，察觉不出效果是正常的，毕竟电脑是无产出的。2015 年 7 月，记者马修·伊格莱西亚斯（Matthew Yglesias）在一篇名为“自动化神话”（The Automation Myth）的文章中重新提出了这一观点。这篇文章被发表在 Vox 网站上，文章中作者坚持认为：“机器人并不会夺走我们的工作，它夺走的是我们的闲暇时间。”换一句说，智能手机和网络所带来的经济变化绝对没有之前的新事物所带来的变化大。在他看来，更糟糕的是，新技术降低了工作效率。然而，在法国和美国，研究表明，相比其他公司而言，使用新技术的公司的表现要更为优越。第二种反应则认为，计算机对生产力的影响需要一段时间才能显现。1990 年，美国研究人员保罗·大卫还强调，需要超过 15 年的时间才能使得电脑的新发展转变为生产力。

第三种反应则提到了新技术的弱传播，这也解释了它们对生产力的影响仍然有限。第四个原因已经被提及多次并将继续被提及：新技术对生产力的影响被错误估计，尤其是因为很难考虑到质量因素。长久以来，经济学家让·盖雷一直坚持这一论点。问题在于对价格产量所占比例的衡量，风险则在于低估了这些产品的价格下降，从而高估了通货膨胀；低估了生产量的提高，从而低估了生产效益。波斯金等人的报告（M. J. Boskin，E. Dulberger，R. Gorgon，Z. Griliches，D. Jorgenson，1996）尽管致力于对生活成本进行准确的估算，但也显然高估了 1. 1% 的年通货膨胀率的影响，从而低估了 GDP。安格斯·麦迪森指出，即使修正了计量结果，我们仍然发现 1973 年至 1995 年期间生产力增长有所放缓，但是 1995 年至 1998 年期间，可以注意到生产率出现加速，此时的生产率增长比“黄金年代”2. 5% 的生产率并没有低很多。这一波生产率的加速归功于“新”经济日益扩大的影响。

最后一个反应则认为索洛悖论已经被解决。1995 年以来，新技术成效的反对者基于美国劳动生产率的反弹（相比于之前的 1.5%，现在每年平均增长 2.5%）来证明此悖论已被解决。在他们看来，美国在 1975 年至 1995 年期间“领导”新技术大规模应用于经济领域后，可能已经进入了一个由新技术扮演主要角色的经济增长的新时代。一些研究已经证明了新技术对于提高生产率的贡献。新技术应该直接或者间接地为 20 世纪 90 年代后期的美国贡献出四分之三的劳动生产率的提高。不幸的是，从 2006 年起，生产力增长再一次下降……

这就解释了在美国经济学家之间不断被提及的经济停滞以及罗伯特·戈登（Robert Gordon）的研究所引起的忧虑。1999 年，不同于新经济的论点，戈登坚持认为劳动生产率的提高仅仅是依赖于信息技术部门的表现。他于 2012 年发表的文章引起了巨大反响①。在这篇论文中，罗伯特·戈登对生产率增长进程的永恒性提出了质疑：在 1750 年以前，生产率根本没有增长，也无法确保生产率增长会

---

① Robert Gordon. 《Is U. S. Economic Growth Over? Faltering Innovation Confronts the Six Headwinds》, *NBER Working Paper* n° 18315, août 2012。

一直持续下去，尤其不会出现美国于1930年至1970年间所经历的生产率增长的快节奏。在他看来，我们花了一百年的时间才使得两次工业革命的影响完全扩散至经济领域（电力、内燃机和自来水这三大主要发明使得第二次工业革命的影响最为重大）。在1970年之后，生产率的增长便放缓了。

经济衰退的主要因素：1987—2007年间人均消费增长到未来（假设）的人均消费增长

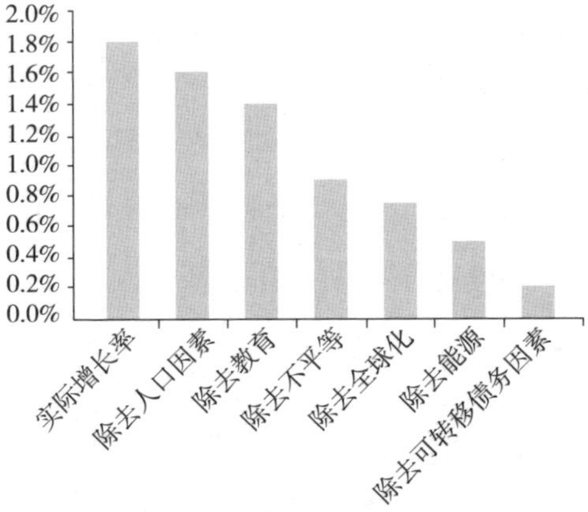

资料来源：Robert Gordon，op. cit. p. 19

第三次工业革命（计算机和互联网）对生产力的影响已经扩散至经济领域。在戈登看来，2000年以来的创新并不能像电力、汽车或自来水那样完全改变劳动生产率或是生活水平。创新在不断地带来益处，但比以前的创新所带来的益处要更加微薄。技术从未停止进步，但只是按照

“正常”的节奏。然而，未来的经济增长将会面临六大“制约因素”：“人口红利”的结束（女性已经进入劳动力市场；“婴儿潮一代”已经退休）、教育水平已经达到极限、不平等的增加、全球化、环境和能源挑战、高水平的财政赤字和私人债务。戈登推测，今后的几十年内，美国的平均GDP 增长率为 1.8%。但由于这些制约因素的存在，这个比率会降至……每年 0.2%！

便捷时代的终结

1938 年，也就是经济大萧条开始的九年以前，美国经济学家阿尔文·汉森（Alvin Hansen）首次使用“长期停滞”这一表述。2014 年，伦敦经济政策研究中心将 14 篇由著名经济学家撰写的文章汇编成书，名为《长期停滞：事实、原因和对策》。这部作品的开篇便是经济学家、美国财政部前部长劳伦斯·萨默斯（Laurence Summers）署名的《对新长期停滞说的反思》（Reflections on the New Secular Stagnation Hypothesis）。于他而言，“经济停滞”这一术语指的是实际产出低于潜在产出，也就是说，如果国家充分使用资源可以达到的生产水平。这一观点与戈登的观点是截然不同的。问题不是要面对经济增长的终止，而是懂得利用何种方式来避免经济停滞的危险以及开启新一轮的经济增长。在这一点上，萨默斯的文章写得十分清楚：主要问题在于找到一个与充分就业兼容的利率水平。为了使得实际产出赶上潜在产出，我们应该降低利率或者限制储蓄以刺激需求。但是，除了这个相对传统的观点之外，两种完全相左的表述（并且从那时起，存在着两种主要方案）组成了对这些问题感兴趣的经济学家的所有观点。

在第一种设想中——在前面所提到的书籍中，乔乐·莫基尔（Joel Mokyr）、爱德华·L. 格莱泽（Edward L. Glaeser）、尼古拉斯·克拉夫兹（Nicholas Crafts）……他们相信人类正处于第三次工业革命初期，通信技术和纳米技术、生物技术以及遗传学的进步使“经济可能会面对一次龙卷风”。2011 年，随着《与机器赛跑：数字革命如何加速创新和生产力，并永久改变了就业与经济》① 一书的出版，这一情况在舆论方面取得了很大的进步。这本书的作者是麻省理工学院的两名研究人员埃里克·布林约尔松（Erik Brynjolfsson）和安德鲁·麦卡菲（Andrew McAfee）。

---

① Race Against the Machine：How the Digital Revolution Is Accelerating Innovation，Driving Productivity，and Irreversibly Transforming Employment and the Economy

在他们看来，全球经济处于“大重组”的初期：人类将迈入经济棋局的下半场，也就是说，就像摩尔定律所提出的那样，进入一个由数字技术引领经济取得飞跃进步的时代。尽管这些技术可能会引发很多混乱——还可能会导致社会两极分化——并且因此需要根本性的组织创新，而这些创新是由企业家和“人力资本”的大规模投资所主导的。然而，它们都是价值的创造者：它们可以提高生产效率，从而增加集体财富。

而在2000年，同样作为“新经济”的发起人，这些技术乐观主义者，比如创造出“技术乐观主义者”这一术语的罗伯特·戈登，都坚持认为这些创新将不仅使产出大增，而且会大大提高收益。如果我们还未意识到这一点，那不仅仅是因为所有的改变仍未发生（但是这些变化是很快便会产生的，这些“进步”便是明证：无人驾驶汽车、3D打印以及广泛的自动化……），更因为我们的测量工具由于过时而不太精准。

经济学家乔乐·莫基尔（Joel Mokyr）认为信息技术、生物技术和新材料的贡献将彻底改变世界，而且，生产率统计并不能反映人类的福利，因为“经济学家被训练去研究综合统计，比如人均GDP及其衍生品：要素生产率。这些标准是为了钢材和小麦的生产所制定的，而不是为了拥有最具活力的信息和数据的经济部门所制定的”。当涉及纯粹的数量，而不是为了衡量互联网革命的结果时，这些标准才是合适的。布林约尔松、麦卡菲和莫基尔确信 GDP 是不完美的，因为它没有考虑到如今的信息是免费的。而且，有些需要大量工作并且会带来极大收益的产业和服务对产出的贡献很小——如果以量化指标来计算的话。

在第二种设想中，人们则认为 GDP 错误地反映了质量的变化。1996 年，法国经济学家让·盖雷（Jean Gadrey）在其著作《服务产业：生产力问题》中已经指出这一问题。在这本书里，他提到了“生产力”的概念，就像“经济增长”的概念一样，它们被用来测量福特主义工业社会的生产效率，并在更复杂的后福特主义经济中逐渐丧失了其准确性。如果第二种设想的提倡者承认 GDP 不能考虑到质量因素，那么他们就会完全不赞同盖雷的技术乐观主义。盖雷在《告别经济增长：好好生活在一个团结的世界》这本书以及许多篇发表在他博客中的文章中，强调了欧洲和美国生产效率收益的大大放缓，他还表达了技术乐观主义者有关每 20 年发展周期相似性的说法，并将其与现实对照，但是特意将技术乐观主义者的论点及罗伯特·戈登的生态危机论置于其论证的核心地位。在让·盖雷、理查德·海因伯格（Richard Heinberg）及其他许多经济学作家看来，我们不应该期待能够恢复“黄金年代”的经济增长率，也不要奢望经济增长率的回归，因为这将直接导致灾难的发生。相反，我们应该意识到经济增长会带来巨大收益，同样也会带来损失，直到将经济拖至“黄金年代”的最低谷……

第四章　经济增长所带来的损失

对于GDP和经济增长的批评由来已久，与经济总量指标具有同样悠久的发展历史。然而，长期以来，这些批评只局限于学术领域，也就是不相信GDP可以将经济福利用数字化或者量化的方法进行衡量。美国经济学家、诺贝尔奖获得者西蒙·库兹涅茨（Simon Kuznets）自己也对GDP存在质疑，质疑这一概念在当初被创建时至少不是出于这一目的的。从1970年起，人们开始大力研究GDP与经济福利甚至是与幸福之间的关系。

具有争议性的关系：经济增长与经济福利、经济增长与幸福

关于经济增长的影响，许多疑问已经逐渐地扩散至各个生活理念层面和各种公共生活层面。所以，最初一系列的研究结果表明：收入增长并不总是会提高生活满意度或者是幸福指数。这是经济学家理查德·伊斯特林（Richard

Easterlin）于 1974 年从一项充满悖论的论证中得出的结论：一方面，在一定时期内，富人总体上比穷人更满意自己的生活；另一方面，也正是“伊斯特林悖论”的存在，居民的实际收入持续增加了，然而并没有提高他们对于自己生活的满意度。总体上讲，伊斯特林更强调相对收入的重要性，也就是提高个人收入与提高他人收入之间的关系。他认为，相对收入对福利水平的影响更大，而绝对收入似乎并没有什么直接影响。继这些开创性的研究工作之后，实证研究不断增多，首先是因为这些研究属于新古典主义现代经济学，“新古典主义现代经济学为它们的发展起到了奠基作用”（Davoine 2012）；其次，实证研究也有利于主观事实基础的开发，比如欧盟调查局、欧洲价值观研究、世界价值观调查或盖洛普世界民意调查。这些研究并非全部赞同伊斯特林的观点。丹尼尔·萨克斯以及其他一些经济学家①，认为绝对收入是影响经济福利的主要因素，而其他人则认为，收入与福利的关系取决于人均国民收入水平。让·盖雷继承了后一种观点，在以常规方式对主观数据进行处理之后，他指出：在 GDP 达到一定水平之后（人均 GDP 为每年 20000 到 25000 美元），收入与生活满意度或者幸福指数之

① The New Stylized Facts Income and Subjective Well-Being, IZA discussion paper, n°715, décembre 2012.

间的关联就完全不存在了。

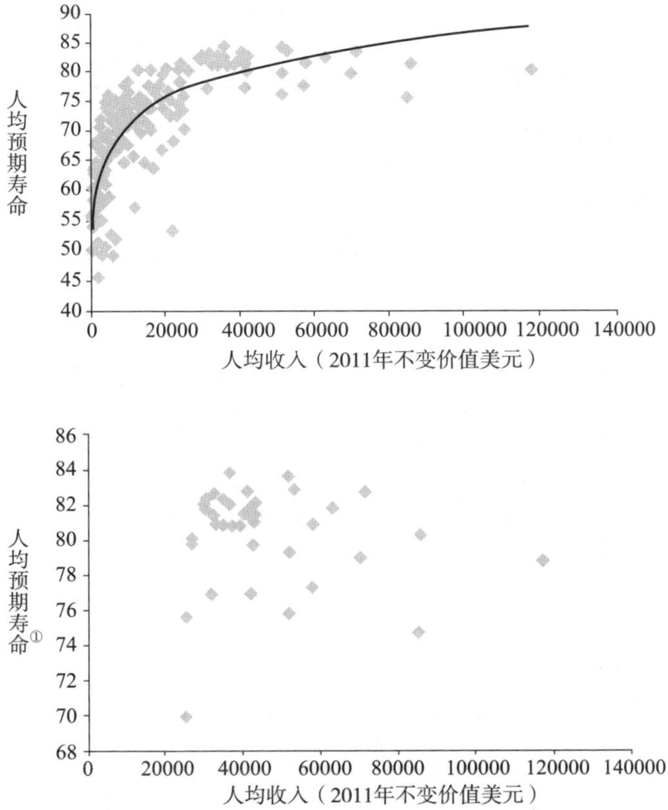

图 4－1　总收入与人均预期寿命

资料来源：2013 年联合国开发计划署数据，作者在此做了处理。

除了这些主观因素——测量的结果其实并不一致（详见

① 原文如此。此处纵坐标疑应为“生活满意度”或“幸福指数。”——编者注

第六章)，学者们对 GDP 和福利之间的关系进行了探索性研究。研究结果特别强调了经济增长只与福利的某些部分之间弱相关，甚至不相关。比如，在国民健康方面，联合国开发计划署的数据指出：在全世界范围内，GDP 与人均预期寿命之间存在着紧密关系，然而当人均收入超过一定阈值，如 2014 年超过了 20000 美元时，这种关联便会完全消失。

尽管上述研究结果质疑 GDP 与福利之间的关联，然而自 1970 年以后，生态环境与社会环境的发展已经导致了众多问题本质的持续改变。这些问题越来越集中在生态损失和社会损失的根源上。

新的评论

尽管这些批评并不新鲜，然而一直到 20 世纪 70 年代初期，在经济学文献中，经济增长还一致被视为进步的主要工具。此外，这一共识还与对现代性的历史叙述紧密相关，而现代性跨越了 20 世纪下半叶几十年的时间。[①] 事实上，

① Céline Pessis, et al. Une autre histoire de《Trente Glorieuses》. Modernisation, contestations et pollutions dans la France d'après – guerre, 2013.

不少研究者曾对经济增长的影响向公众舆论发出过警告——舆论中增长一直被视为可无限继续。以《增长的极限》(The Limits to Growth)(Meadows et al, 1972)这一报告为基础的研究者，已经勾勒出以经济增长为导向的整个工业社会必将面对的环境挑战。这份报告于2004年修订过。报告指出，环境挑战来自人口的增长、对不可再生自然资源的过度开采、可耕地的有限性以及工业生产模式所导致的环境破坏。由于这份报告，20世纪90年代中期的发展促进了一些科学研究的发展。这些研究的结果强调了一种不兼容的存在：一方面是人类欲望的无止境和经济增长预期的无限性，另一方面是地球资源的有限性。这就需要人们针对新的发展模式制定出一套新指标，这些指标必须具有较强的潜在教育功能（详见第六章）。

正是因为生态问题日益突出，2009年《自然》杂志的一篇文章将这些问题划分了等级。瑞典斯德哥尔摩应变中心的著名环保主义科学家小组表示：人类活动已经成为全球环境变化的首要因素。约翰·罗克斯特伦（Johan Rockström）等人的一部分研究是基于对持续增强的依赖的分析。这些持续增强所依赖的对象包括化石燃料以及农业的集约化与产业化。他们在做这些分析的时候认为目前的激烈变化将很可能产生不可逆转的影响，导致剧烈的环境变化和“不利于人类发展”的自然状态。[1] 他们明确地定义了九种限制性因素。这些限制性因素能够决定在人类生活的空间内，人类将来的生存能否与地表系统不矛盾，能否与生态系统保持平衡。这九种因素包括气候的变化、陆地和海洋生物多样性的损失率、氮和磷循环被干扰、平流层和臭氧层的降解、海洋酸化、饮用水的使用、土地使用中的变化、化学污染和大气悬浮微粒的浓度。它们决定了一套不能超越的量化阈值。这九种因素中，三大威胁尤其关键，即气候的变化、生物多样性的下降（由种群的过度开采、各种污染、某些物种特定栖息地的破坏，或者是竞争或掠食性物种的引入所导致）以及氮循环被干扰。不幸的是，这三大威胁早就毫无悬念地超过了警戒线。

表 4.1　三个超越警戒线的地表变化进程

地表变化进程	指数	警戒值	目前情况	前工业时代的数值
气候变化	（1）大气中二氧化碳的浓度（百万分点）	350	387	280
	（2）辐射强迫作用[2]变化（瓦特/平方米）	1	1.5	0

---

① 《A Safe Operating Space for Humanity》, Nature, n°461, 2009.

② 辐射强迫是指地面和对流层温度保持不变时，平流层温度重新调整到辐射平衡后对流层顶净辐射通量的变化。——编者注

续表

地表变化进程	指数	警戒值	目前情况	前工业时代的数值
生物多样性损失率	灭绝率（每年每百万种灭绝数）	10	>100	0.1～1
氮循环	由于人类的使用而导致的大气中氮气的减少量		121	0

数据来源：Johan Rockström，et al，. A Safe Operating Space for Humanity［J］. Nature，2009（61）.

这些分析结果与20世纪80年代末期的早期气候研究结果明显趋同。应七国集团（G7）的要求，WMO（世界气象组织）和UNEP（联合国环境规划署）于1988年建立了政府间气候变化专门委员会（IPCC），其任务便是尽可能详尽地收集所有可供研究的科学信息，以便研究气候变化的物理问题，并预估可能的人为因素及其影响，最后提出可以扭转这种气候变化趋势的方法。在1990年发布的第一份报告中，专家们指出人类活动所排放的温室气体在大气中的浓度已大大增加。他们证实1900年以来全球气温平均已上升了0.5℃。他们同时提出从工业时代以来气候变暖的四种可能版本，范围是到2100年时气温上升1℃（最好的情况）到3℃（最坏的情况）。专家们还强调了两点：一是这些预测还存在高度的不确定性；二是这种气候变化的不可逆性可能存在几个乃至几十个世纪。导致这一结果最明显的原因是：生态系统的变化趋势可能会加速。

四份同类报告不约而同地发布，2014 年，政府间气候变化专门委员会的工作得以细化，预测的范围也已经扩大。随后的第五份报告中，委员会的专家们强调了人类对于气候变化的影响。根据政府间气候变化专门委员会的说法，极端事件的增加（气温过热或过冷、海洋变暖、海平面上升、降水量增加）似乎越来越不可置疑。在供决策者使用的摘要中，报告指出，“人类对气候系统的影响”是显而易见的，人类温室气体的排放量已经达到了历史最高峰。同时，报告还明确指出：伴随着人类的其他活动，1951 年至 2010 年间平均温度升高“极有可能”一半是源于人类活动排放的温室气体，大气中“二氧化碳、甲烷和一氧化二氮”达到了八万年以来最高的浓度。“尽管实施了越来越多的有利于减缓气候变化的政策”①，最近十年（2000—2010），人类活动排放的温室气体绝对增加量却最为明显。针对这些反常情况，专家们指出：由于温室气体排放量的增加与含碳能源仍然密切相关，经济增长与人口增长所起的作用尤为关键。最后，2014 年的报告终于明确，自 1880 年至

① Giec, résumé à l'usage des décideurs, 2014.

2012年间全球平均气温增加了0.85℃（可信区间[①]为0.65℃—1.06℃）。不同的气候变暖预测版本最终使得相对于基准周期1986—2005年，到2100年，全球平均温度增加的预估范围为0.3～4.8℃。考虑到这些结果中的部分内容，自从2012年以来，保守的世界银行从自己的角度发布了三篇题为《关小暖气》（Turn Down the Heat）的报告，分析了气候反常对不同大洲的影响。它担心人类的生存空间是否能够适应这一系列问题引起的结果：超常的炎热，海平面的上升，环境改变对健康的影响，甚至食品库存的下降。

人类活动对环境的危害影响的不仅仅是气候。生物多样性，还有耕地、水源以及被越来越多的人所觊觎的森林，这些也都被确定为主要的挑战。2014年政府间气候变化专门委员会的报告强调，许多陆地、淡水和海洋物种的"分布范围、季节性活动、迁徙以及丰度，都在演变"（IPCC，2014）。同时，报告还注意到了物种之间的相互作用也正在发生变化。生物多样性还受到生存环境被割裂、对物种的直接开发和保护它的生态系统被破坏引起的威胁。

① intervalle de confiance，是指按一定的概率或可信度用一个区间来估计总体参数所在的范围，该范围通常称为参数的可信区间或置信区间。——编者注

作为生态系统的一个方面，生物多样性是生态学家重点考虑的问题。自从地球上生命起源开始，即使已经经历过多次物种灭绝的危机，但在世界自然保护联盟（IUCN）看来，第六次灭绝仍被视为对生物多样性的一个重大威胁。此次危机的范围之大，导致 IUCN 编制了一份亟须保护或是濒危的动植物名录：濒危物种红色名录。这份名录罗列了上千个濒危物种，是迄今为止最为全面的。据最新数据显示（2015 年），在已知的大约 80000 物种中，濒危物种有 23250 种（约占 30%），2015 年的它们受到严重威胁、濒临灭绝或者亟须保护。在《科学发展》（Science Advance）发表的文章《现代人类活动加速物种灭绝：第六次大灭绝即将来临》中，美国研究人员提出了第六次物种大灭绝的观点，并认为人类活动几乎是这次物种的唯一原因。在八亿两千年之前第五次物种大灭绝中，恐龙灭绝。

气候变化所需要的经济预算

2016 年 10 月，世界银行高级副行长尼古拉斯·斯特恩勋爵（Sir Nicholas Stern）在提交给英国政府的报告中估算了气候变化的经济成本。从这份被广泛讨论的报告后半部分的假设开始（尤其是对于贴现率选择的假设），斯特恩估算了稳定大气中温室气体的排放所需要的经济成本，并与不采取行动的成本进行了对比（他所谓的“不作为”的情境）。由于相关金额数目庞大，这份报告在媒体与政界引起了强烈反响。报告指出，当下的“不作为”将导致世界经济遭受重大损失，“直到人均消费降低大约20%，无论是如今还是未来”。斯特恩则认为，只需要相当于全球GDP 1%的投入，就有可能稳定住大气中温室气体的排放。这意味着要花费一笔钱，其金额“虽然不容小觑但尚在可控范围内”。

这张表格可能还将继续扩大，因为其他的自然资源也正在枯竭（铅、银、铜、铀、镍等），正如金属资源专家菲利普·比胡可（Philippe Bihouix）在《低科技时代：走向可持续技术文明》[①]（2014）一文中所说的那样。与此同时，有毒废物与产品（持久性有机污染物、杀虫剂、二噁英）却仍在不断产生，其“生产”甚至在继续加速。最为严重的是，这些废料都是些看不见的化学分子，在空气中扩散后，会严重影响人类健康（诱发癌症，生育能力、神经系统、免疫系统以及内分泌都会受到影响），尤其是那些使用了具有弥散效果的某些金属产品的染料和油墨等。这些对人类的恶劣影响与生态系统被破坏一样，已经有明确的证

① L'âge des lowtech：Vers une Civilisation Techniquement Soutenable

据。此外，核工业的废弃物也不能忽视，它们的短期、中期和长期管理仍是资本主义社会不容忽视的问题。

2012 年 7 月，22 名不同学科的科学家们在《自然》杂志上共同发表了一篇名为《探讨地球生物圈的状态改变问题》[①] 的文章，文中他们证实了不同领域的所有研究发现理应引起关注和担心。安东尼·巴诺斯基（Anthony Barnosky）和其他作者在文章中写道："从此，人类主宰和改变地球的方式威胁着其承载我们和其他物种的能力。"他们还指出，人类正在迫使地球以一种快速而不可逆转的方式演化到人类从未经历过的状态。由此，他们提出了两点建议：理解人类活动导致这场气候变化的深层原因；采取紧急措施以恢复生态系统。

然而，21 世纪的经济增长不仅与生态挂钩，与社会问题也有着千丝万缕的关系。经济学家伯纳德·德·茹佛内尔（Bertrand de Jouvenel，1968）在其著作《方舟：论更好的生活》[②] 中开创性地严厉批评了经济至上主义，尤其是经济至上主义中对数量化、效率以及生产率的执念。他强调了令人难以置信的并存悖论：一方面是新发明和技术进步

① Approaching a State Shift in Earth's Biosphere

② Arcadie：Essais surle mieux-vivre

在某段时间内使得生活条件有了明显的提高；另一方面，生产本位主义、绩效和机器崇拜所产生的副作用最终导致人类与其说让它们为自己服务，不如说自己被它们所奴役。

这种“无限异常状态”[①] 有两个互相支持的思想基础：对技术进步的崇拜（详见第五章）和对流通效应的坚信。

尽管经济实现了增长，但是经济与社会的不平等仍然明显增强了，这使得人们广泛质疑财富能否从最富裕的人群流向最贫困的人群。这种“流通效应”描述了一种几乎自动运行的机制，通过该机制，随着时间的推移，资本和经济资源的增加最终会惠及所有人，尤其是最贫困的人口。它已经被自由党人合法化了——他们在这种富裕人口的财富累积过程中看到了自己投资能力的提高。事实上，如果说这种再分配结果在经济强劲增长时期被证实，尤其是在二战以后，那是因为相关机构根据资本和劳动之间的妥协在很大程度上调整了收益共享政策。资本和劳动之间的妥协现如今已经被调节派经济学家广泛作为文献依据。

经济增长与社会不平等之间的明确关系受到了不同方

---

① Dominique Méda，La mystique de la croissance. Comment s'en libérer. 2014，p. 67

式的质疑。比如一些经济学家就认为，不平等可能也具有某些好处。这些好处能够促进经济增长，一方面可能是因为不平等刺激生产力，另一方面也可能是由于不平等有利于积累资本——有更高储蓄能力的富人可能进行大量储蓄。[①] 21 世纪头十年，经济增长与不平等之间的关系出现了巨大变动。流通效应不仅受到了国际机构与专家的质疑，民间也出现了同样强烈的质疑。比如，美国诺贝尔经济奖得主约瑟夫·斯蒂格利茨（Joseph E. Stiglitz）就强调，2009—2012 年期间，91% 的收入增长归于 1% 的美国人，而 2015 年的美国平均收入却低于 1990 年的水平。

作为不平等带来的不良后果的体现，这些数据不仅揭示了不平等对社会财富、饮食以及信心的损害，正如玛丽·杜里 - 柏拉（Marie Duru-Bellat）所指出的那样，也对从南关球向北半球的人口迁移或生态剧变存在不利影响。这也是经济学家埃卢瓦·洛朗（Eloi Laurent）所持的观点。在《社会生态》（Social - écologie）（2011）一书中，他认为生态失衡的根源之一恰恰在于不平等。在他看来，不平等所引起的混乱，他称之为“社会混乱”，是自然环境遭到

① Marie Duru - Bellat, Pour une planète équitable. L'urgence d'une justice globale, 2014

破坏的主要原因之一。最不发达的社会和最不平等的社会是最不保护环境的社会："贫困增强了生存的紧迫性，包括以无法容忍的环境退化为代价。"洛朗还提出了环境不平等的不同表现方式：获取基本生存资料的不平等、环境政策分配的不平等；参与公共政治的不平等。同时，他还指出：在那些不具有通过预防性政策来保护其人口的经济手段的国家，自然灾害更加频繁。埃卢·洛朗将这类自然灾害重新定义为"社会性生态灾难"：它们是"自然灾害和人类脆弱性相结合的产物，带有很强的社会性"。

结论

GDP 指标可能特别有用，尤其是当它提供了在增加值分配方面（在利润和工资之间）的参考标准时，然而它已被证明不再适应 21 世纪资本主义的新挑战。这个经济总量指标无法记录由人类对环境施加压力所导致的大部分损害，由此所产生的财富总量也被大量削减。出于这个原因，一个由约瑟夫·斯蒂格利茨领导并主持的国际委员会 2008 年聚集在巴黎，而阿马蒂亚·森和让－保罗·菲图西则被应邀去更新"经济绩效与社会进步的衡量"标准（详见第六章）。

第五章　绿色增长是不是一个解决办法？

我们有时把绿色增长看成理想的办法，因为它在满足环境保护需要的同时，能持续为社会提供经济增长的潜力。然而，绿色增长的概念过于模糊，其具体的衡量措施也充满争议。

经济增长再讨论

绿色增长是一个模糊且具有很强可塑性的概念，有时被当作“援兵”用来解决经济发展与环境保护之间的矛盾。它为将来资本主义的未来收益提供了多种视角，例如将自然资源引入市场（比如公有财产中水资源的私有化等），通过市场调节污染物排放与能源浪费（碳市场管理、节约能源认证等），还有投资“生态活动”（éco-activités）的机会。生态产业不是一个有确定范围的产业，它主要包括废物回收、生物燃料、可再生能源（太阳能、风能等）等子产业，为这些产业的相关人员提供了就业机会。

绿色就业

法国国家统计局（Insee）在2012年的《法国经济》（L'économie française）发表了一篇名为《绿色经济的定义与量化》（Définir et quantifier l'économie verte）的文章。一般意义上的“绿色”产业有两种考察角度：减少污染或者节省资源，或者最终目的在于环境保护。根据法国可持续发展委员会（Commissariat général au développement durable）（CGDD）下设的国家绿色经济职业观察所（Observatoire national des emplois et métiers de l'économie verte）的研究，法国国家统计局统计数字表明：法国国内与“绿色经济”有关的就业数量2009年就已经达到959 500人，约占总就业人数4%；其中，“生态产业领域内的就业人数接近绿色经济总就业人数的一半，另一半则主要提供环保产品与服务以及从事自然资源管理”（Insee，2012）。

“绿色经济”这一新词义广为大众接受，尤其是在经济学家之间。由此展望，如同主流经济增长理论一贯支持的那样，将来与绿色经济相关的新技术与技术进步在经济发展中会起到决定性作用。

根据索洛的观点，资本收益递减的假设会引起经济发展停滞，除非我们能依靠持续发展的科技进步（外生性经济增长）。另一方面，支持内生性经济增长的学者，尤其是罗默，认为经济在某种程度上可以无限发展。根据这种传统的思路，综合科技的进步既是生产性经济活动的合成产物，同时也是经济增长的推动因素。

内生技术进步

内生技术进步常被视为内生性经济增长模式的补充。它强调相对价格（两种或多种商品之间的价格比例关系）对创新的影响。因此，通常生产要素的相对价格变化会促进技术创新，而创新能节省成本最高的生产要素。这就是英国经济学家、诺贝尔奖得主约翰·希克斯（John Hicks）的观点。但他当时的研究背景是价格基本能反映市场情况的资本主义时期，这一理论而针对自然资源就不适用了。完全金融化的市场就不再对能源的“价格”保持敏感。盖尔·吉拉德（Gaël Giraud）认为：“自从石油价格广泛金融化，它就不再体现供给方面的限制。它不再是反映石油现货市场的信号：它反映的是石油衍生品在证券市场中的状况——这完全是另一回事”（Thierry Caminel et al.，2014）。

21 世纪第二个十年初期，由于西方国家之前十年经济持续疲软，围绕科技乐观主义（见第三章）的争论又卷土重来。不过，罗伯特·戈登（Robert Gordon）、让·盖雷（Jean Gadrey，2015）、咖艾拉·日罗（Gaël Giraud）与塞丽娜·雷诺阿（Céline Renouard，2012）以及让－马克·让克维斯（Jean－Marc Jancovici，2002）等学者更新了争论的问题，都强调了制约未来经济发展的环境问题的决定性影响。那么，未来的经济发展已经让人担心到需要质疑的地步了么？应当指出的是，这种重新界定讨论范围的方式本身就已经是对当时业已形成的主流思想的批判。当时的主流思想基于一个固有假设，即不同资本可以相互替代。对此，弗兰克－多米尼克·维安（Franck－Dominique Vivien，2005）解释到："持续优化提升的设备、知识与能力代替了占比日渐减少的自然资本，以不断维持生产力、满足个体生存的需要。"自此，讨论的问题与"脱钩"这个概念联系起来。这个概念意味着追求经济活动的增长与减少对环境的破坏二者之间并不存在必然的联系。

什么样的脱钩

经济增长与能源消耗之间的脱钩一般与二氧化碳的排放、原材料的消耗或者初级能源的耗费有关。初级能源指的是直接从自然中开采且未经加工的能源（Caminel，2014）。无论经济增长的程度如何，原材料（自然资源、矿物、矿石、化石燃料与生物燃料）、初级能源的消耗或二氧化碳的排放量都呈现出明显的下降时，这种脱钩便被视为"绝对的"；而相对脱钩则指的是单位产品的生产对环境及能源的损害减少。

提姆·杰克森（Tim Jackson，2010）在其著作《无需增长的经济繁荣——向可持续发展过渡》中表示绝对脱钩将难以实现。衡量相对脱钩常用的指数包括能源密集度——能源消耗与国内生产总值的比率、碳密集度——二氧化碳的排放量与国内生产总值的比率，以及原材料密集度——原材料的直接需求与附加值的比率（Caminel et al）。例如在1980至2010年间，尽管全球经济碳密集度下降了25%，然而经济增长在很大程度上又抵消了这一效应，同期全球的二氧化碳排放量增长了将近50%（Dessus，2010）。

国际机构更注重的也是相对脱钩。因而2011年联合国环境署倡议“产得更多，用得更少”，明确表示资源生产率应高于经济增长率。

许多有关脱钩的研究都表明最好的选择还是相对脱钩。然而，最近法国可持续发展委员会在法国的研究结果表示：法国在1990至2012年间经历过一次相对脱钩，而2008至2012年期间还经历过绝对脱钩。尽管这次绝对脱钩与其说是真正意义上的生产与消费模式的转变，还不如说是更归功于同时期经济活动总体上的收缩状态（2007—2008年发生了金融危机）。

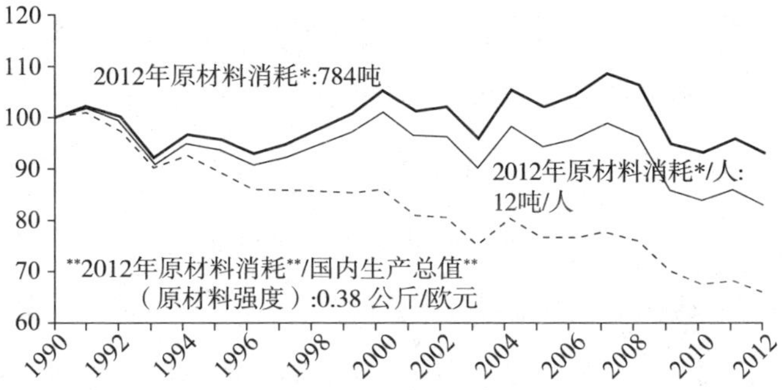

图 5－1　原材料消耗量及法国经济原材料强度变化图
1990 年的数据为基础值 100

注释：＊国内表观消费量①，按吨计算，包括化石能源、农矿产品、领土内开采原料（包括本土与海外省）、进口的原材料或加工产品，减去出口的部分；＊＊以 2010 年的数据为基准。

数据来源：法国粮农渔业部统计局；法国海关；法国国家统计局；数据观察局；数据与发展可能性统计局；法国采石及建筑材料联合会

制表：数据观察局，2015 年

不过，不同的学者对这一现象的解释也不尽相同。法国经济学家菲利浦·罗曼（Philippe Roman）强调在有关原材料消耗的研究中需要重视间接资本的作用。间接资本与进口及已开采但并未消耗的原材料密切相关。因此，一部分脱钩的措施还有待商榷。

如果将数据分析扩展至全球，我们会发现新兴国家的生产活动会消耗更多的原料，部分原因是生产的全球化将一些

① Apparent Consumption，是指当年产量加上净进口量：计算公式为：表观消费量＝当年进口量－当年出口量＋当年生产量。——编者注

高能耗的产业转移到了南半球的国家（Caminel et al）。

另一些作者强调通过能源脱钩研究来丰富对原材料消耗的脱钩分析。这正是盖尔·吉拉德（Gaël Giraud）的提议。关于二氧化碳的排放，他认为 Kaya 公式表明“全人类的二氧化碳排放量与全球人口水平、人均国内生产总值、全球能源密集度及全球含碳能源使用量有关”（Gaël Giraud *in* Thierry Caminel *et al.*，p. 31）。所以，根据这个公式，二氧化碳排放量的降低必然伴随着能源消耗的减少或者能源生产率的提高，甚至是经济增长的减速……在盖尔·吉拉德看来，能耗与经济增长之间可能存在一种更为紧密的因果关系，但多数经济学家并未明确提出。过去三十年里，人均能耗减少致使经济增长滑坡。实际上，化石能源的开采成本越来越高，因而从能源的角度出发，生产化石能源的利润也越来越少。例如，开采的石油矿层变得越来越深。此外，主要的生态能源产业能耗也不低（碳氢燃料、生物乙醇等），光伏发电的能源回报率仍很低，无法补偿其他能源利润的下降。同样，在生产结构没有转变的情况下，降低能耗的做法也常常会产生“反弹效应”：新科技会使得资源消耗减少，然而消费者行为的改变也可以极大地对冲这一趋势。比如，他们可以利用能耗降低带来的购买力来消费其他能源密集型的产品。

相对脱钩能否差强人意?不同的科学家对这个问题进行了很多讨论。专业测量碳足迹的机构 Carbone 4（2011）表示:“2010 年平均每个法国人因能源消耗而产生的温室气体（GES）排放，折合二氧化碳 10.5 吨。这个数字代表的是一年内法国因向个人提供房屋、出行、物资与服务而排放至大气中的温室气体（二氧化碳、甲烷、一氧化二氮与含氟气体）换算成二氧化碳后的总量。”该机构预计 1990 至 2010 年之间，人均碳排放量将提高 13%。法国可持续发展委员会预计的数值没有这么高，但也呈现出增长的趋势:“从 1990 至 2007 年，人均碳足迹增长 5%，同时人均本土碳排放量减少了 15%。期间，进口带来的碳排放量增加了 64%，接近法国 2007 年碳足迹消耗的一半。”①

2009 年联合国政府间气候变化专门委员会②在哥本哈根气候会议上提议:到 2050 年至少减少 50% 的二氧化碳排放量，以避免 2100 年全球气温与前工业时代相比上升超过 2 摄氏度。然而，与相信科技奇迹的假设相比，大部分与会者更赞同绝对的温室气体减排与我们所熟知的整个 20 世纪的经济发展模式并不兼容。经济学家米歇尔·哈森（Michel Husson,

---

① *Le point sur*, n°114, mars 2012。

② 原文为 Giec，即 Groupe d'experts intergouvernemental sur l'évolution du climat

2015）认为，如果降低生产中二氧化碳浓度的工作一直保持当前的强度，而且我们还希望完成碳减排的目标，那么经济从现在到2050年将无法实现任何增长。与此相对，如果二氧化碳的浓度以每年3%的速度下降，经济的微弱增长（大约每年1.3%）则不仅可预期，同时也与实现这些环保目标可以兼容。然而，若实现这一目标，需要募集大量的私人与公共资金以促进企业真正向生态化及社会化转变。

绿色增长的能源过渡法案

2015年8月，法国通过了一项“关于绿色增长的能源过渡法案”。在举办第21届联合国气候变化大会之前，该法案于8月17日通过，其宗旨在于通过合适的经济政策促进绿色增长。法案具体内容涉及有害物质的减排加工，控制原材料及能源消耗，宣传产品与服务可能对环境造成的损害，鼓励循环经济在所有产业部门的发展，针对气候变化制定能源政策，安排建筑翻新工作，发展清洁交通，支持垃圾回收。法案还制定了“去碳化（décarboner）”的量化目标：2030年的温室气体排放量与1990年相比减少40%；2050年最终能源消耗与2012年相比减少50%；2030年初级化石能源消耗与2012年相比下降30%；到2025年非危险性及非惰性垃圾排放量减少50%。同时，到2030年可再生能源占最终能源粗消耗量的比重达到32%，占电力生产的比重达到40%。增加发电方式多样性，其中到2025年核能发电比重降低至50%。（资料来源：www.developpement－durable.gouv.fr）

乔治·巴斯汀（George Bastin）与伊莎贝尔·卡西耶（Isbelle Cassiers）在他们2013年发表的文章“创立可持续经济平衡转型的模式”中曾经做过预计：为了实现这种过渡，未来60年内每年投资须达到国内生产总值的8%。

经济增长竞赛带来的经济崩溃风险表明了向生态型经济转型的迫切性。塞丽娜·佩西等（Céline Pessis, et al,, 2013）在《黄金三十年的另类史》中全面分析了战后被颂扬的那三十年，并建议我们对其进行回顾性的清查研究，尤其需注意官方在鼓吹现代性及经济增长带来的好处时掩盖的一些事实。这几位作者不仅将这个阶段的经济增长与生态破坏紧密联系在一起，称呼这三十年为“三十年大破坏”和“三十年大污染”，还进一步强调了当时的发展给社会带来的经济崩溃等风险。

“全新世”① 之后（根据地质学家的观点，这个地质年代持续时间超过1万年），18世纪的工业革命带领人类走入了一个新时代，即“人类世”。根据威尔·斯蒂芬（Will Steffen）、保罗·J. 克鲁泽恩（Paul J. Crutzen）以及约翰·R. 麦克内尔（John R. McNeill）的观点，人类世正是我们

① Holocene是最年轻的地质年代，从11700年前开始。根据传统的地质学观点，全新世一直持续至今，但也有人提出工业革命后应该另分为人类世。——编者注

目前所处的时代，人类与社会活动成为地球物理学的第一推动力[①]。这些科学家认为，人类世的第一阶段为1800至1945年的工业时代，第二次世界大战之后则被称为“大加速”阶段。这个加速阶段记录了第六次生物大灭绝的发端，也见证了大气中温室气体（二氧化碳、甲烷、氮氧化物等）浓度急剧上升的过程。这种加速目前已经到达了一个高峰，温室气体浓度增加导致的温室效应在碳循环中已经导致了累积反馈的恶劣影响。

增长/去增长

各种推行经济去增长的激烈行为或者知识研究在近几十年来层出不穷。有时去增长甚至会被视为用来刺激人们行动的“挑战书”。与常被称为“漂绿（greenwashing）行动”的行为很难兼容，经济去增长由于其自身的极端性常常引起争议。无论是去增长还是漂绿行动，这些思想都有着一个共同点，即都蕴藏着一个深沉的疑虑：它们非常质疑经济增长与生态承受力是否能兼容，同时也质疑这二者之间是否存在着一个可能的稳定状态。为了与这种观点保持距离，尼古拉·乔治斯库-罗根（Nicholas Georgescu-Roegen）在1975年提出一个新的目标，即“衰退（declin-

① “The Anthropocene: Are Humans Now Overwhelming the Great Forces of Nature?” Ambio, 2007.

ing)”，之后法语译为“经济去增长（décroissance）”（Franck - Dominique Vivien，2010）。当代经济的去增长运动都具有一个共同意愿，即放弃生产主义制度，从经济主义印记过于强烈的集体想象中解脱出来（Serge Latouche，2006）。同时，增加有关选择何种社会模式的讨论，在各种模式选项中，应格外重视节约型社会（Denis Bayon，et al，2010）。正如德尼·白约恩（Denis Bayon）及其合作作者的观点，各种学说的分歧从研究的源头上就已经埋下伏笔。经济去增长的政治生态学说源头可追溯至安德烈·果尔兹（André Gorz）1971 年的初始研究。经济增长与基本生态资源的消耗有关，会引起以下重大问题：稀有资源的囤积居奇以及由此产生的冲突、富国预防并做好应对的时间是否充足令人质疑。经济去增长是一种宿命，我们可能已经处于其中，所有的产业部门，尤其是服务业与能源行业，收益应该已经明显在下降。万桑·谢奈（Vincent Cheynet）认为，从更民主的层面上来说，为了未来的经济发展，经济增长需要重新布局各种产业活动（尤其是农业，但是其他产业也不例外）。在塞尔热·拉图什（Serge Latouche）的研究中，去增长也是一种生活模式。他批判当代的文明模式和“现代性”，尤其是消费主义模式，并提倡自发地节约。有些学说，比如皮埃尔·拉比（Pierre Rabhi）的理论，更加侧重精神层面。它们组成了“经济去增长理论的大观园”（Denis Bayon，et al）。

经济增长与去增长之间的抉择需要关注经济活动的内容。从产业重新布局的观点出发，增加对一些经济活动的关怀与帮扶，虽然会促进一部分产业的发展，但是同时也会影响另一部分产业的发展（Jean Gadrey & Franck – Dominique vivien Adieu la croissance）。伴随着20世纪80年代的“后工业”或者“新工业”时代到来的是“后增长时代”，它以社会与环境可承受程度的视角看待经济增长。在制度经济学派研究者的眼中，单一的经济增长已不再是我们需要面对的挑战。

结论

对于一部分人来说，认真思考向生态经济必要的转向意味着放弃经济增长。根据菲利普·毕乌伊克斯（Philippe Bihouix，2014）的观点，“仅仅以科技手段为基础”来对抗气候变化只能导致让人绝望的结果。那么，众多科学家都宣告了的愈发明显的崩溃风险，是否能让我们达成一致来宣告与经济增长的决裂？这个一致所要达到的目标并不太可能实现，争论也会持续存在。须知，就像长期以来许多社会运动所呼吁的经济去增长化，最近2015年6月弗朗索瓦教皇在教皇通谕 *Laudato Si* 中亦提及了这个观点。

教皇通谕[①]《赞美你》

关于拯救共同家园的摘录

2015 年 5 月 24 日，教皇弗朗索瓦第一次在教皇通谕中提到生态问题，并重点关注了气候变化。全篇涉及有关人类生存的重大问题，这份题为《为了拯救共同家园》的教皇通谕重申了获得安全的饮用水是人类一项优先、基本和普遍的权利。通谕强调了目前在环境恶化、垃圾堆积、人文经济发展程度不足的条件下经济发展模式的重要性。同时，我们要看到发展中社会与环境各方面的联系，建议从社会 - 生态学的角度出发思考问题，了解“环境债务”的概念，尤其是南北半球之间的“环境债务”。通谕还批判了“发展神话”，尤其看重科技及其发展的“同质线性式发展范式”。通谕还提倡发展“全面生态”，跳出目前人类社会秉持的人类中心主义思维模式，远离致使我们走向短期经济增长竞赛的“政治直接导向性悲剧”。我们需要“规划一个暂停”“接受世界上某些地区经济的去增长，同时将一些资源使用到另一些地区以追求健康的经济增长”。

---

① 教皇通谕（Encyclicae），源自教皇本笃十四世，是教皇发给所有主教，再通过他们发给所有教友乃至所有向善的人们的信函。教皇通谕的内容是关于教义学和伦理学的问题、社会学和政治学的问题，以及教会纪律的问题。——编者注

第六章　服务于新模式的新指数

在摆脱了将经济增长作为社会进步的指数、将 GDP 作为财富增长唯一标志的束缚之后，各种创新性研究层出不穷，直至今日似乎都并未放缓。无论是在特定区域还是在国际层面，大量的创新都表明了两种信号：一种信号是关于世界将会是什么样子、应该是什么样子，我们必须迎接挑战，以便展开代表性和阐释性框架研究；另一种信号被用来进行测度和评估，但这一切不能想当然地进行。

国民经济核算的初步尝试

这一领域的研究并不是最近才出现的，而是源于美国经济学家、诺贝尔奖得主西蒙·库兹涅茨（Simon Kuznets）的探索，他的研究在国民收入研究中占据重要地位。正是从国民经济核算体系的数据着手，我们才认识到那些最为人熟知的调整尝试。20 世纪 70 年代前期，威廉·诺德豪斯（William Nordhaus）与詹姆斯·托宾（James Tobin）的研究促成了可持续经济福利指数（ISEW，Index of Sustainable Economic Welfare）的构建。这一指数引入了矫正支出或补偿性支出的概念，同时将他们眼中无助于改善福利的经济活动排除在 GDP 测度之外。同期，按照类似的逻辑，日本经济计量委员会在 1973 年提出了国民净福利（NNW）的概念。

这些初步调整引起了人们注意（因为经济可持续性指标显示出的经济增长要低于人均国民生产总值的增长），与此同时，也招致了批评（矫正支出要设定一个标准范围）。在这些初步的分析工作之后，基于最初的研究直觉，矫正支出的概念被扩大至一系列的生态外部性问题，正如由克里夫特库伯和约翰·库伯父子（Clifford Cobb & John Cobb）提出的“真实发展指数”那样。这些研究提出了“生产率边界”的概念，并对不计入国内生产总值的活动进行了第一次货币化评估，特别是家庭劳动或志愿者服务。

由于混淆了经济价值与财富、交换价值和使用价值的概念（Jean – Marie Harribey，2013 年），这些计量工作受到一些研究者的猛烈批评，特别是马克思主义的研究者。然而，这些最新的调整正是“绿色 GDP”名称的由来，经过不断改良，其实证应用随即得以大范围展开。

经济外部性

经济学家认为，生产和消费活动会产生“正外部性”和“负外部性”。当生产或消费活动对其他经济行为者造成偶然或无意的非市场化影响时，便产生负外部性，由于此类影响并未在市畅上得以体现，所以就被国民经济核算忽略了。例如，工业活动产生的污染或与此相关的活动导致生物多样性的丧失（Gadrey & Jany - Catrice，2005）。

经济学家使用各种方法估算这些外部性的经济成本，不同方法得出的结果可能有较大的差异：他们对可观察到的经济影响进行计量，也对预防成本进行估计，还采用了被称为“或有估价法”的估算方式。这些方法是依据调查来估算人们可以接受的外部影响补偿价格或者为了保护某些要素而要付出的代价。

我们可以认为，矫正或补偿性支出是这些经济衡量的一个组成部分，并非是为了直接谋求某种福利，最主要的目的是对破坏性活动进行补救（与城市化程度、生态灾难相关的支出等）。

在系统性研究与梳理财富替代指标的过程中（Gadrey & Jany - Catrice，2012），一些新举措自从20世纪90年代初以来逐渐进入国际学术视野。除了个别的开创性研究，法国在这些问题上的认识要落后于其他国家，尤其是盎格鲁·撒克逊国家和地区（Méda，1999；Viveret，2003；Perret，2003）。

在这次系统性的研究与梳理中，所有指标都是通过两套标准来辨别和归类，这两个标准都具有创新意识。按照第一个标准，首先是根据这些指标所倡导的价值观，人文经济发展项目或对生态环境的关注被放在首位。其次，根据这些指标的施行方法“国家仪表盘”①、复合指标或综合指标都各不相同。在第一个标准的基础上，第二个标准划分方式的落足点是对不计入 GDP 的事物在表述上加以强调。相关研究者对使用货币术语以赋予无价格之物价值的可能性表示质疑。这些一直是经济学界关注的问题，例如家庭行为以及生物多样性所提供的产品的服务。

主观指标

最新的标准涉及主观福利指标（生活满意度或幸福度）所占的权重，这些指标体现的是个人对社会价值或环境价

① tableaux de bord，原意是指汽车的仪表盘，2008 年法国时任总统萨科齐设立的经济绩效与社会进步评估委员会（又称作斯蒂格利茨委员会）从国家治理层面提出了“国家仪表盘”的概念，将汽车做比喻，将汽车的测量仪比做 GDP，为了保证国民经济这辆汽车能够安全地行使，就必须安装上一个兼顾个人满意度与公共政策满意度、主观调查数据与客观数据分析，帮助政府作出更适宜的公共决策的综合仪表盘。——编者注

值的认同。

这一方法在20世纪80年代曾引起广泛的研究兴趣，强调的是调查对象的个人主观感受的表达。调查对象要表达自己的满意度，体验和情感。该方法源自于以个人生活体验的愉悦与否为研究对象的功利主义经济学。2008年的斯蒂格利茨报告显示了人们对这些测度数据的兴趣，特别是对丹尼尔·卡尼曼（Daniel Kahneman）和阿兰·克鲁泽（Alan Krueger）的U指数法的兴趣，U指数法“测度个体情感基本为负面的时间长度”。这份报告要求沿着这个方向进行量化研究。法国国家统计局于2010年进行了以“家庭时间表”为内容的全国调查，并于2012年发布了关于这些问题的初步研究报告。在这份从某种意义上来说标题有点模糊的报告中，基于对这些主观福利指标的分析，法国国家统计局得出了“生活质量往往与福利并行不悖”的结论。它提供了三个有趣的结果。首先，家庭的不满意度至少与个人在金钱方面面临的限制一样，取决于社会关系的薄弱或日常生活的压力。其次，健康状况不佳、住房条件恶化或身体上和经济上的不安全感与较低的满意度呈正比。最后，最新的调查结果让人对此类生活满意度测度在公共政策方面的适用性提出了质疑。它涉及个人对环境质量或社会紧张局势的关注。在法国国家统计局看来，这些关注并不会“对满意度有重大影响”（Marie – Hélène Amiel, et al.,2013）。因此，从某种意义上来说，个人的看法似乎不受第5章所述的“经济崩溃”的影响。

可持续人文经济发展指数

人文经济发展指数（IDH）受益于联合国开发计划署（PNUD）提供的强有力的媒体宣传。借助于阿玛蒂亚·森（Amartya Sen）的理论，PNUD提出了这一概念。按照这一概念，PNUD在1990年创立了一项综合指数，对人文经济发展进行了定义。根据这一定义，人文经济的发展取决于三个方面因素：资源（按人均GDP计）、教育（用识字率和入学率衡量）和健康（按出生时预期寿命来衡量）。

这一由三个维度组合而成的单一指标在当时动摇了经济发展水平占主导地位的观点，然而按照这个指标，盎格鲁·撒克逊国家往往比其他国家排名更靠后（美国名列第13位，而英国名列21位）。因此，联合国开发计划署随后又编制了其他指标，以回应对其提出的批评。例如，提出了两种社会排斥指标：低收入及中等收入国家的人类贫困指数（IPH-1）以及高收入国家的人类贫困指数（IPH-2）。同样的道理，1995年，由于性别不平等成为新型衡量工具的主要障碍，联合国开发计划署（PNUD）又制定了妇女经济政治生活参与指标（IPF）。2010 年，在《人文经济发展年度报告》发行 20 周年之际，人文经济发展指数（IDH）的测度方法有了实质性的改进。现在，人文经济发展指数被构建为健康、教育和经济资源三个维度的几何平均值，避免了这几个领域之间一些完全重合的指数。选择这三个领域是有理由的，即与那些同时努力推进人文经济发展所有指标的国家相比，对那些在某一维度落后的国家加以“惩罚”。然而，让 · 盖雷和弗洛朗丝 · 雅尼 - 卡特里斯在《财富新指标》（Gadrey & Jany-Catrice，2012）一书中强调：与计算简单的算术平均值相比，这种方法对于非专业人士而言显然更困难。他们还指出，此次对人文经济发展报告的重新审查明显改善了盎格鲁 · 撒克逊国家的排名。

聚焦于社会问题，更多编制新指标的研究工作对联合国开发计划署的研究进行了深化和延伸。在美国，20 世纪 90 年代中期，福特汉姆大学提出了社会健康综合指标。在法国，由研究人员和工会人员组建的联合会正在制定不平等和贫困的衡量标准。21 世纪第一个十年，越来越多的创新研究不断出现，特别是国别层面的研究。

2008 年由法国总统尼古拉 · 萨科齐设立的斯蒂格利茨

委员会[①]的研究目标便是思考新的用于评估经济绩效与社会进步的指标。作为他们工作的一个重要方面，委员会从生活质量入手，将个体和社会因素联系在一起进行了深入研究。具体化的生活质量概念由多个维度组成，不同维度是基于委员会成员的能力而选择的。这一概念涵盖了反映生活质量不同方面信息的多个变量，如健康、工作（付酬工作和家庭活动）、上下班路程、闲暇、住房、企业管理、社会关系，甚至还包括生活各方面的不安全问题。

货币化指标

尽管脱钩的实物指标[②]已经提供了大量的信息，特别是关于未来经济发展脆弱的可持续性和过渡期间常常伴随的反弹效应，绿色增长的前景与新指标的结合可能还有赖于它的名称选择，如到底叫绿色 GDP 还是环保 GDP。这些建议背后的想法是在常规 GDP 中加入与积极或消极的环境外部性相关的货币价值估计。因此，这些环保 GDP 体量上几

---

① 即 Commission Stiglitz – Sen，亦被称为斯蒂格利茨 – 森 – 菲图西委员会。编者注。

② 实物指标，即 physical indicator，是用来反映事物自然属性或物理属性的以实物单位来计量事物数量多少的总量指标。——编者注

乎与衡量标准一样，会有所变化。

联合国发布的综合环境会计制度一直在探索这条道路；它规定了一个货币指标——IWI（包容性财富指数），并在2012年里约热内卢二十国集团峰会期间讨论可持续发展问题时公布。通常，世界银行也会采取类似的做法，特别是公布调整后的净储蓄（ENA）。这一概念所强调的是：一个经济的可持续性发展需要掌控资本存量，以避免将其耗尽。在以上这些措施中，特别是净储蓄（ENA），从经济资本（调整后的家庭总储蓄）、自然资本（自然资产损失的货币估计）和人力资本（教育支出）三个角度来考虑资本。

这种做法符合社会必须能够向子孙后代提供一系列至少与今天同等的“经济”机会的理念。将对环境的积极或消极影响货币化，之所以值得支持，有两个原因：首先是出于其道德教育意义——这种货币化将自然价值纳入思考范围，一切都是自然所固有的，包括未被使用的物体，其所提供的服务也被进行了价值评估。对无价格物品和非市场化的服务进行价值评估同样也是合理的，因为在不界定价格的情况下，自然物品可能会不被关注，从而会消失殆尽。这种做法的合法性源自于赋予被无偿损毁的物品价值，尽管它们并没有在账户中得以体现，然而它们对于人类而言是有用的。这种做法必须借助于货币等标准，然而有时这些标准并不存在，而且测度时技术处理手段是很微妙的，并且存在争议，特别是配额调查法。配额调查法是一种经济评估技术，基于经过计量经济学方法处理的调查数据，旨在揭示某些非市场商品或资源的价值，如历史古迹或自然景点。最后，需要指出的是：这些可持续发展的货币化评估方法都是在可持续性低的框架内进行的。它们基于经济资本可能代替自然资本的隐含概念："当代人消耗自然资本，但是以设备存量、知识和能力的形式，回报给后代更多的生产能力"（Vivien，2010）。这些回报方式可以使人们能够找到解决环境恶化这一问题的技术方案，在这个意义上，它们与相对脱钩的想法是一致的（见第五章），但与深层生态学的观点不相容。深层生态学认为自然资本是绝对不可替代的，它赋予了自然内在的价值，独立于人类的需求和欲望。

货币化指标并未包括与环境可持续性相关的所有指标。经过20世纪90年代中期以来的媒体宣传，生态足迹将经济可持续性的衡量研究引向另一个角度，尤其值得注意的是完全避免了货币化的一些矛盾，更确切地说是避免了经济角度的工具主义。研究人员（Wacker-nagel & Rees）的思路是将人类生产和消费所使用的自然资源与其再生能力进行比较。这些资源有两种类型：不可再生（如化石燃料）和可再生资源。其中，可再生资源被认为是可以天然恢复的，就像土壤、森林、水、大气、气候、自然繁殖的生物种类——如鱼类资源等。生态足迹的研究只针对可再生资源，马蒂斯·维克那热尔（Mathis Wackernagel）和威廉·里斯（William Rees）认为这些资源退化得最为严重。一些非政府组织（发展新定义组织、世界自然基金和全球足迹网络①）在20世纪90年代开始共同普及这一指标，将其作为对可再生资源的警戒线提示。一些图表中所提供的结果是令人震惊的：从全球来看，可再生自然资源的过度消费不断增加，已经远远超出了现有的生态系统承载力。2008年的过度消耗超过了50%，也就是说，当下的消费和生产方式使人类“消费”了超过可再生资源自我更新能力50%以上的资源。

然后其他足迹也出现了，如碳足迹和水足迹这两种指标代表生命生产周期中排放的温室气体和耗水量之和。足迹以物理单位作为其术语（以地表公顷数作为生态足迹的单位，以水吨数作为水足迹的单位，以二氧化碳吨数作为碳足迹的单位）。它们也以相关人口的消费水平为基础，以避免污染行业转移所造成的测度盲点。

---

① Redefining Progress, World Wide Fund For Nature and Global Footprint Network.

SAS 财富新指标法案

经过法国国内社会的长期呼吁，特别是通过 FAIR 网络（其他财富指标论坛）的呼吁以及学术界的回应，多亏了斯蒂格利茨委员会的工作，政界由最初的小心翼翼到后来的异常坚定——制定新的财富指标。法国在 2015 年 4 月 13 日颁布的“SAS 法案”致力于将财富新指标用于公共政策定义，在其特别条款中明确规定：“政府每年向议会提交一份介绍过去几年财富新指标演变的报告，如不平等指标、生活质量和可持续发展指标……”。该法案同时还明确指出：前一年或当年的重要改革的影响，以及正在着手进行的改革，都必须根据这些新指标和国内生产总值的变化进行评估。

因此，该法案有明显的进步，因为它使得议会和公众的辩论不再局限于国内生产总值和经济增长的概念。而其他指标，突出其他量值变化的指标，今后会得到关注和讨论。关于如何实施这些新指标，之前就已经是经济、社会与环境委员会（Cese）和法国战略总局开展工作的主题。正是在这个动力的支持下，法国总理办公室直属的法国战略总局在 2014 年提交了题为《法国十年之后什么样》的报告，提出了具有七个指标的指标体系来评估经济增长的质量。法国战略总局随后与 Cese 展开合作。当时 Cese 正致力于重新定位在自己所开展的工作中的角色，艰难地搜集分析以前的研究成果，特别是围绕 2008 年“可持续发展指标”（IDD）的讨论和研究。那些指标由法国国家统计及经济研究所（Insee）①，法国生态能源、可持续发展与国土整治部②和经济、社会与环境委员会联合起草。

2015 年上半年进行了一次为期几周的磋商。这次磋商结合了收集意见的几种方式：咨询知情人士和 Cese 成员，在线进行广泛的调查并开展样本容量 1000 的访谈。磋商最终结束于四个公民调查小组。在三个小时的会议上，四个小组的调查对象被要求对上述磋商会议制定的指标体系表态。这个简短的过程生成了拥有十项指标的指标体系，并由 Cese 在 2015 年公布。

部分基于这次磋商的结果，总理办公室于 2015 年 10 月发布了第一份报告。这份题为“财富新指标”的报告反映了一部分磋商会议形成的指标（就业率、私人和公共债务、健康人群预期寿命、生活满意度、碳足迹），但同时也增加了其他指标（研究工作、收入不平等、与 Cese 的建议不同

① Institut national de la statistique et des études économiques.

② Ministère de l'Ecologie, de l'Energie, du Développement Durable et de l'Aménagement du Territoire.

的测度结果，提前脱离教育体系、土壤人工化①）。这个混合的列表可能还没有接近转型问题的核心。

表 6.1　总理办公室下属部门所选定的十项指标

指标	含义
就业率	就业人口（15～64 岁）数量/就业年龄人口总数
研究工作	基础研究、应用研究以及实验开发的支出在 GDP 中所占比重
债务	公共债务、企业债务及家庭债务
健康人群期望寿命	无生理缺陷、日常生活不受限人群的预期寿命
生活满意度	生活满意度的主观指标
收入不平等	最富裕的 20% 群体/最贫困的 20% 群体
生活贫困	至少在以下三个方面遇到困难的人口比重：拖欠款项，无法负担供暖开支，无法应付意外事件，无法负担肉类和蛋白质食物，离家度假时间少于一周，无电视、洗衣机、汽车和手机
提前脱离教育体系	年龄为 18～25 岁无法继续学业、高中未毕业、在过去 4 个月未接受过任何培训的人口比重
碳足迹	法国国内二氧化碳排放量、法国进口物品所导致的二氧化碳排放量（以吨计）
土壤人工化比率	建筑物用地、公路和道路、铁路、矿山和采石场、垃圾填埋场和建筑工地以及人造绿地所占地面面积的比重

资料来源：services du Premier ministre（www. gouvemement. fr/argumentaire/nouveaux－indicateurs－de－richesse－3149）

① 土壤人工化，是指土壤失去其自然属性和生物地球化学属性。——译者注

SAS财富新指标法案法使得“何为发展”这一议题重新被讨论。Cese与法国战略总局同时参加的磋商内容表明：利益相关者之间存在着明显的分歧，比如有些人强调的是失业率，另一些人强调的偏偏是就业率；一些人着重考虑的是土壤人工化比率，另一些看重的却是普通鸟类的丰富指数……

磋商的过程同时也表明：由于没有快速结束辩论，指标数量增加了很多。亟待解决的问题是：SAS法案框架可能无法提供关于待研究指标体系规模的明确指导，以实现两个目标——一个是交流的目标，一个是评估公共政策的目标。范围广泛的指标是必要的，由此才能以无遗漏的方式周密地评估公共政策，正如评估SAS法案对能源转型与绿色增长的影响那样（详见第五章）。两个精心挑选的指标——其中一个出于生态维度，另一个出于社会维度——也许会在沟通和公开辩论方面更为有效。

从这些丰富的创新研究来看，发展指标的社会条件似乎至少在两个方面会受到质疑或批评。第一个问题涉及定义这些财富新指标的专家的单一学科背景，因为正如前几章所示，这些问题已经远远超出了纯粹的经济范畴。罕见的协调一致表明综合评价（社会学、哲学与生态或经济学同等重要）是多么具有决定性。

Cese 和法国战略总局主导的这次评估强调了将新指标合法化的过程至关重要。从这个角度来看，法国各地正在开展的试验做出了重要的贡献，其中包括巩固法国经济社会与环境理事会在 2015 年所发挥的作用。

第七章　后增长时代的社会模式是什么样的

没有经济增长，就业情况就得不到改善，生活水平就无法提高，社保系统就没有任何注资办法：这些屡被提及的话题，使得经济增速持续减缓的前景格外令人担忧，这也是政客们努力维持经济增长的原因。然而，经济高增长率至少在目前与生态保护是相矛盾的。

无增长状态下创造就业机会

在宏观经济层面和微观经济层面，追求经济增长的原因似乎可以理解：经济增长对于创造就业是不可或缺的。从宏观方面来看，法国需保持每年1.5%的经济增幅来同时消化生产率的提高和就业人口的增加。从微观方面来看，企业也需要通过创新或投资来提高业务收入，并提高生产力以降低产品价格，从而在普遍的竞争环境中保持其竞争力。但是，在经济增长持续低迷的形势下，在遵守一定的环境准则和社会职责的前提下，用其他目标和满足全人类的需要来取代一味地追求经济增长（因为这至关重要），就业问题将会怎么样？

1.5%的经济增长可以创造就业岗位，这一点在保持工作时长不变的前提下已经得到证实。然而，减少个人工作时长放弃经济增长也是创造就业岗位的另一种方式。法国曾经出现过这样的情况，根据官方估算，关于减少工作时长（RTT）的法律在1997年至2002年实施期间共创造了35万到40万个岗位（这一情况仅归因于减少工时而不是经济增长）①。1998年出台的第一部奥布里法案曾被认为是对抗失业的工具，并且曾预计这一进程最终可创造70多万个工作岗位（法国调研统计促进署，1998）。然而，第二部奥布里法案并未保留国家提供援助来创造就业岗位的义务，因此，当2002年政府多数派发生变更后，这一进程便中断了。

---

① 《La réduction du temps de travail》, Économie et statistigque, n° 376－377, juin 2005.

Rapport d'enquête de l'Assemblée nationale sur l'impact sociétal, social, économique et financier de la réduction progressive du temps de travail n°2436 déposé le 9 décembre 2014.

减少工时这一举措的成效，更普遍地说，它所带来的好处，还存在着很大的争议。一方面，部分人认为减少工时对法国经济存在负面影响，也有人强调减少工时不仅创造了就业岗位，也促进了社会交流，调和了工作和家庭生活，使得两性的活动得以重新平衡，正如调查委员会在最近一份题为《35 小时工作制对社会、企业、经济和财政的影响》的报告中所描述的那样：若考虑到以社保、税收和已完成的社会支出为形式的所有财务上的回报，减少工时就是成本最低的就业政策措施之一，更不用说其对失业的惊人心理成本所起到的削减作用。

有人说，把工作当作蛋糕一样的数量固定的物品进行分配，这难道不是一个疯狂的想法吗？然而，现存的工作数量无论如何都是实行分配制度的：通常是将工作小时数在整个就业人口中进行分配，一些人每周工作时间为 0，而另一些人则为 70 小时，选择全职、短期、长期、临时工、受限制兼职①、自主选择兼职等不同形式的岗位，工作时长都会不同……对各个国家的工作时长分布模式进行比较是非常有趣的。例如在德国，全职工作（男性占多数）的时

① temps partiel contraint，即 restricted part-time，受限制兼职，是留学生的一种兼职工作方式，每周的工作时间有一定的限制。——编者注

长高于法国，兼职工作（女性占多数）的岗位却更多（据欧盟统计局 2014 年的统计，德国与法国兼职岗位所占的比重分别为 27.6% 和 18.9%），工作时长更短（在德国，18% 的工人工作时间少于每周 20 小时，而在法国这一比例仅为 8%），工资水平也更低。最终结论是：法国工人每周及每年的平均工作时间（不分全职和兼职）都比较长。全部劳动人口工作时长分布不均匀的情况是可以存在下去的，从某种程度上来说，这也是一种社会“选择”。

先不考虑生态问题，减少工作时长（对于某些就业人口）可以是一种非常令人感兴趣的手段，能够使无业者在短期内重新融入工作并增加其他人的工作量，如强制性兼职以及自主选择兼职人群——大多数情况下都是女性，还承担着社会所赋予的照顾孩子的责任。而当下的失业率和长工时失业者人数——这一数字还在不断攀升（根据促进署 2016 年 2 月份的调查，他们在求职者总数中所占的比例超过 45%）——是一场真正的社会危机。因此，减少工作时长无论是在社会层面和还是生态方面都可被视为一项非常有效的措施，只要这种做法不会同时增加劳动强度，不影响工作灵活性，而且劳动者在工作以外的时间所从事的是温室气体排放少的活动，而不是进行生产性活动，如园艺、家务、亲友互访、休闲、文化等，也可以是政治活动、公民活动，或者参与民主生活等生态足迹指数更低的活动。

上述措施所需的种种实施条件在下一章会再次说明，然而只有上述措施是不够的。事实上，现在的问题已不再是如何勉强适应增长乏力的现状——一直以来社会经济总是依赖增长，而是应尽快使我们的国家走上生态转型的道路。这一方面意味着要减少所有对社会和环境有毒害作用的个人和集体生产、消费，另一方面要摆脱对化石能源的依赖，尽快重建能源生产系统。这是一个社会不再将增长视为最高目标和其他财富前提条件的最关键的措施。未来将不再继续增加有毒产品的种类，我们更应该放弃这部分的收益，终有一天将其从收入、福利中剔除（健康状况不佳，花费昂贵或有损寿命的疾病，工作中的身体不适……这些有损身体的行为的成本要比货币所能够衡量的价值高得多)，甚至在未来的 GDP 计算中剔除。

进行生态转型需从环境影响方面（温室气体排放、污染以及生物多样性）重新审视所有的生产和消费。这意味着公共行为和个人行为都应该严格遵守环境保护标准，我们的经济应由此采取广泛的结构调整措施，减少某些产业和企业的生产活动，并同时扩大其他方面的生产。这种转型将避免或减轻当前气候和环境失调问题所造成的影响。

而我们将要应对的挑战则是将这种转型转变为在就业问题上取得进展的绝好机会。

后增长时代社会的就业及工作

事实上，说服公民进行应对生态危机所迫切要求的彻底转型，如果无法保证在这一进程中能为促进就业做出积极的，至少是有准备、有组织的努力，似乎是不可能的。2008 年，联合国环境署、国际劳工组织、国际雇主组织以及国际工会联合会联合发布了一份名为《绿色就业——可持续、低碳世界的体面劳动[①]》的报告。报告强调，为应对全球范围内的气候变化，应重点在可再生能源产业、建筑业、运输业、重工业、农业以及林业等领域创造数百万个就业机会。报告还指出，相对于化石能源，可再生能源能够创造更多的就业机会：从现在起至 2030 年，该领域投资额将达到 6300 亿美元，可以创造 2000 万个就业岗位。1200

① 体面劳动（decent work），是指通过促进就业、加强社会保障、维护劳动者基本权益，以及开展政府、企业组织和工会三方的协调对话，来保证广大动者在自由、公正、安全和有尊严的条件下工作。——编者注

万人将由于生物质①在农业领域中的应用而找到工作；提高建筑物的能源效率可在美国和欧洲创造200万至350万个就业岗位；同样，废料的回收也可创造大量工作岗位。

2007年以来，多方人士及机构对法国的未来发展做出预测（Quirion & Demailly，2008；du Conseil d'orientation pour l'emploi，2010；Quirion，2013；Callonnec et al.，2013），特别是菲利普·基利翁（Philippe Quirion）。他根据零瓦计划（见下页专题）预测，2050年对初级能源的需求与2010年相比将减少65%，减少的部分几乎全部由再生能源和核能代替，这也表明，如果向低碳经济转型的话，2020年、2030年和2050年的就业净增长将为正值。然而，这还不是最乐观的估计，最乐观的预测早在欧洲国家遭受经济和金融危机打击以及石油价格下跌之前就已公布。此外，大多数的法国、欧洲或国际方案，包括零瓦计划，都以每年1.4%至1.8%的正增长率为假设前提，对应着同期极其强劲的产量增长。

① biomass，是生态学术语，是指某一时刻单位面积内实存生活的有机物质（包括生物体内所存食物的重量）总量，通常用 kg/m^2 或 t/hm^2 表示。出于经济利用和科研目的的需要，常对林木和牧草的地上部分生物量进行调查统计，据此可以判断样地内各种群生物量在总生物量中所占的比例。——编者注

零瓦计划（Le scénario négawatt）

零瓦协会由能源业从业者组成，定期更新其规划，发布并修订了《零瓦宣言》。

“零瓦计划是一项具有前瞻性的活动，对温室气体排放量减少四分之一并在2050年摆脱对化石能源和核能的依赖的可能途径做出了准确的描绘……本计划对所有领域的“零瓦储量”，即所有通过适度使用和有效利用可避免的能源消耗，都进行了系统的探索，并提倡使用流量能源[①]（太阳、风力、水力、生物）而不是存量能源[②]（化石能源和核能）。这项计划并不基于技术博弈，仅考虑已经过验证的成熟解决方案，即使尚未达到充分的工业水平，也会对其在技术和经济方面的可行性进行论证。计划的目标并不局限于应对气候变化，因为仅是能源实现低碳还不够，还必须减少与我们的能源模式相关的所有风险和影响，也同样应该考虑到对水资源、原材料和土地使用的限制。”（摘自“零瓦”协会网站）

---

① énergies de flux，即可再生能源或再生能源，是在自然界可以循环再生、不需要人力参与便会自动再生，取之不尽、用之不竭的能源。——编者注

② énergies de stock，即非再生能源或不再生能源，是在自然界中经过亿万年形成，短期内无法恢复且随着大规模开发利用，储量越来越少并终将枯竭的能源。——编者注

如果经济增长率更低的话，结果还会一样吗？目前还没有一个极低增长率假设作为模板来回答这个问题。另外，有些研究强调，尽管就业净增长为正值，“然而这种变化并非对每个人都有利。经济的生态化造就了总体向好的就业形势，这一局面正是各个经济领域发生重大变化而产生的结果。

如果说一些群体和地区是明显的赢家，那么另一些则蒙受了重大的损失。这些损失揭示了一些公平问题，一旦这些问题被忽视，则绿色经济政策难以继续执行”（PNUE, 2008）。

为所有人保留体面的工作和生存手段是绝对必要的，欧洲和世界工会组织将这一进程称为“合理过渡”。这一表述有两层含义：一是避免这一过渡进程中将某些收缩行业的劳动者从就业市场上驱逐出去，这就意味着需要实施比欧洲或法国现有机制更强大、更有效的转业①、职业转型以及人事调动安全过渡机制，并且要有利于创造新的工作岗位。

本着这一方针，一些英国工会成员和环境保护协会在

① 转业，是指失业者、下岗人员重新就业或转岗的行为。针对有转业需要的人员，各级劳动部门会提供一定数额的转业训练费作为专项补助经费，以对失业人员和下岗人员进行扶持。——编者注

2012年提出了一个规划，目标是“创造一百万个有利于气候改善的就业机会”。该计划将持续二十年，通过招聘一百万名国家气候部门工作人员，大幅度减少英国温室气体排放量。国家气候部门将实施整个减排进程，包括对岗位受到威胁的人员进行人事调动。上述研究认为，政府有责任组织以下事务的运作，尽快实现减少温室气体排放的目标：直接负责建筑的翻修并承担费用，建设合适的交通设施，并对能源系统进行审查。

处于这一领域最前沿的无疑是法国经济学家让·盖雷。与本书的作者一样，让·盖雷认为，人类社会正面临着生态威胁，当前所面对的主要问题不应是经济增长。他建议将我们目标的中心放在满足人的需求上，从而打破一直以来奉行的生产活动评估标准，与GDP脱钩。我们的主要工作目标是通过专注自然遗产和社会健康的发展，阻止人类社会的没落（Méda，2014），并对当前的绩效评估标准提出质疑（Jany－Catrice，2012）。让·盖雷的上述论点旨在表明如何在没有经济增长的情况下创造“数以百万计的可持续就业机会”。

让·盖雷在博客中写道：“基于良好的规划方案，包括零瓦计划和与农业转型相关的各项工作，我认为，在15到20年内将有超过100万个净就业机会（若一切条件不变且工作时长未出现变化）来自应对生态转型的挑战所带来的潜在可能。这些潜在可能包括：可再生能源在能源和气候转型中的强势发展，如农业、林业、交通运输业和建筑业转型，住房和旧房供热改造，循环利用，回收，循环经济，城市空气质量改善，城乡自然保护等。”

而满足先前被低估的社会需求似乎是另一个就业岗位来源：幼儿保育、老人护理、全民教育、文化、保健服务在创造就业方面具有巨大的潜力。停止全面的自动化进程和对生产力增长的过分追求就成为就业岗位的一大根源。

这是让·盖雷推论的关键，他坚持认为，对环境和社会“更清洁”的产品（例如，由正常劳动报酬的工人在产地附近出售一公斤无公害草莓或利用可再生能源发电的产出）将需要更长的工作时间，现行国民经济核算可能会将其视为生产率降低（每小时生产量减少）。三十年前他就认为，当时提高生产率的措施已不适应时代发展，建议摆脱大多数经济学家的影响。正如我们之前所见到的那样，这些经济学家将生产率的提高作为经济增长和发展的核心。盖雷认为，我们应注重高质量、可持续发展的收益——然而，这些却是国民经济核算无法反映的。

降低工作强度，重建社会模式

生态复原不仅仅只是避免地球上居民生活条件严重恶化的唯一可能。对全体就业人口巧妙地进行岗位分配，也可能成为重建就业机会并降低工作强度的一个绝佳机会，也就是说，要与黄金时代以前主导社会并且现在依然处于主导地位的“生产本位主义”决裂。关于“生产力”这个概念，还有大量的概念性和实践性深层次研究工作需要我们去做，只有这样我们才能真正明白这一概念是如何“诱惑到”我们。我们执迷于扩大生产规模、加大产量、降低价格和提高生活水平，却并未察觉到这种执迷对就业和环境所产生的反作用都是灾难性的。贝特朗·德·茹乃尔（Bertrand de Jouvenel）1957 年在其作品中就写道，劳动分工是“工作组织方面的进步，生活规划方面的倒退……人类失去了作为生产者的满足感，但作为消费者获得了收益”。正如法国社会学家乔治·弗雷德曼（Georges Friedmann）所描述的那样：在黄金时代，生产率的进步不仅导致工作专门化、密集化、非专业化和灵活化，同时也对大自然造成了破坏，过度消耗了不可再生资源储备，并导致了气候的大规模异常；历史学家让－巴蒂斯特·弗雷索

(Jean - BaptisteFressoz) 和克里斯多夫·博耐依 (Christophe Bonneuil) 对这些黄金三十年间发生的不为人知的事情另有记述。①

在许多部门 (特别是那些人际关系是其工作决定性因素的部门) 放弃追求生产力，无论是对于消费者还是对于生产者来说似乎都是合理的。但是从这点来看，我们应重新审视“黄金三十年”期间所形成的所有习惯与共识。在这一时期，分享生产力带来的收益成为资本与劳动之间，更确切地说是利润、工资和工作时长之间进行分配时的协商主题。从传统意义上说，生产力的提高和经济的增长可以增加工作所带来的收入 (包括税收和社会保险)，从而为扩大或改善社会模式提供资金——至少要限制社会模式受到的削弱。然而，今天，为了提高产品的质量和可持续性导致的可测量的生产力减缓，意味着我们应采用其他措施来评估我们的生产活动、工作报酬和收入分配。

正如我们所看到的，一些经济学家，即“技术乐观主义者”，正在等待第三次工业革命的到来，他们认为这一革命将大幅度提高经济增长率。另外一些人则主张大幅削减社会福利，认为只有这样才能恢复经济增长。但是似乎没

---

① *L'événement anthropocène*, 2013.

一个人考虑到生态威胁的严峻性，以及放弃既有的经济增长率和生产力的必要性。第三个有失偏颇的观点是对现有的发展模式进行彻底转型，使我们的发展模式重新定位到后增长时代的社会，其生产活动将在非常严格的约束下进行：关注自然遗产和社会健康（其中就业质量是决定性因素）。

尽管任何发展模式都无法预言大幅度减少温室气体排放以及进行彻底的经济转型最终将会产生什么样的后果，收入明显减少、经济增长率降低则并非不可能。更大的可能是，人们会这样认为：毋庸置疑的是，就中期而言，所有的生命周期，无论是对个人还是国家来说，其利益（包括收入和福利）都将是更重要的。对发展模式的重新定位绝不应削弱我们的社会保障模式，相反，社会保障模式的改善却一定会成为保证重新定位顺利进行的核心条件。在一些人看来，对劳动报酬方式进行彻底的变革似乎也没有必要了（如实施全体劳动者无条件基本收入制度），因为这一方案的推动者认为——这并不是我们的观点——很快就不会再有就业机会了。然而事实却表明，一系列看似极端的适应过程却势在必行。

第八章　后增长社会有什么样的变化

有必要等待、渴望、恳求经济增长的回归吗？本书的作者不这样认为。相反，我们更愿意支持实施一种能够在物质和精神上满足所有人的新型发展模式，使他们能够展示自己的行为能力，过上美国哲学家玛尔塔·纳斯博姆（Martha Nussbaum）所提出的那种体面的生活。而这种模式与国内生产总值的水平没有太大关联。那么，达到什么规模，需要哪些参与者，满足哪些条件，这种模式才能成为可能呢？

世界市场的深刻变化

如果要改变以前的模式，并以合理的方式向另一个发展模式转变，就必须满足几个条件。第一是实施并践行巴黎联合国气候变化大会所达成的国际协定。如果没有该协定的具体说明，实际上现存的风险，也就是“搭便车”进程还会继续下去。该进程是指一些国家享受并利用了其他倾向于实施强制性环保约定的国家所做出的努力，打击了最具良知的国家减少温室气体排放、改变生产和消费方式的努力。只要在世界上还存在着以低廉的成本和高强度的温室气体排放和各种污染为代价的产品和服务的生产，这种现象就会一直存在。

为了避免这种情况，世界环境组织就应该确保整个国际社会严格遵守物理指标的警戒线，以避免气候遭到严重破坏。该组织也应根据科学研究成果定期修订这些物理指标。同样，国际劳工组织（OIT）应具有至少相当于世界贸易组织（WTO）的权力，以确保实施社会标准，禁止并惩罚与制裁非体面工作的存在。

尽管金融经济①流通中的资金总额与实业经济无关，在黄金三十年和下一阶段（英国经济学家安格斯·麦迪森称之为“新自由主义秩序”），自由贸易和金融化的迅速扩张依然是生产的催化剂。关税壁垒的取消、资本的自由流通和运输成本的降低使围绕综合价值链的国际分工开始建立

---

① économie financière，与实业经济相对应，是以货币流通和信用活动以及与之相联系的经济活动为主体的经济。比如，美国经济就是典型的金融经济。——编者注

起来，从而提高了货物和服务的流通速度，也增加了温室气体的排放速度。这种生产组织的方式与（不鼓励在原产国进行生产地点转移）减少温室气体排放的需求是相矛盾的，因为有的公司可能会让其境外的子公司来生产对社会和环境有害的产品。

最近，来自欧洲十几个国家的工会组织、环保组织和人权组织，共约五十多个社会团体组成了“非传统贸易联盟”（The Alternative Trade Mandate Alliance）。这个联盟的目的是制定欧洲贸易政策的新愿景，并于2014年发表了一份名为“欧盟非传统贸易联盟”（Pour un mandat commercial alternatif de l’Union européenne）的文件，这个文件是关于提出、谈判和缔结让民间社会和各国议会发挥决定性作用的贸易协定的新程序。这些协议的目的是组织欧洲的粮食生产自给自足，减少原材料和制成品的进口，把人权置于商业利益之前，要求跨国公司承担起阿兰·苏沛澳（Alain Supiot）和米莱耶·德尔玛－马蒂（Mireille Delmas－Marty）2015年所提出的责任。促进这种联盟的缔结有助于国际贸易秩序的重组和通过司法制度来规范管理，这种联盟的缔结使人回想起毕伟瑞吉勋爵（lord Beveridge）1944年发表的题为“自由社会的充分就业”（Full Empolyment in a Free Society）的重要报告中的一些观点。那个时代的经济自由主义者的观点让人获益匪浅，并让人深信国家和世界的稳定要求我们去遵守一些规则。

这份 1944 年的报告指出，充分就业是自由社会的重要支柱之一。毕伟瑞吉在报告中写到，当职位空缺多于失业人员时充分就业就能实现，因为这些职位的薪水本质上是很公正的，失业者可以理性地去接受。毕伟瑞吉认为有四个条件可以保证充分就业。

首先是始终维持足够的用于商业以外的产业和服务的重大公共支出，如道路、学校、医院与国防工程等，其中也包括在工业领域的大量公共投资。

第二个条件就是控制工业的地域化，也就是说，禁止公司在某些地方扎根，鼓励它们寻找并迁移到“合适的地方”。这些迁移必须由负责制定全国国家计划的中央机关指挥和管理。第三个条件是组织劳动力转移。第四个条件要求只和遵守以下原则的国家保持贸易关系：实施充分就业政策；平衡贸易余额，避免出现一切顺差和逆差；通过关税、配额或其他手段全面控制贸易。毕伟瑞吉认为，“我们只能和那些我们称之为‘符合道德规范’的国家开展多边贸易。”这让人想起了 1948 年签署的未曾得到美国国会承认的哈瓦那宪章，该宪章提出建立一个国际商贸组织，主要目的是促进充分就业和维持各成员国之间的贸易收支平衡。

使贸易符合道德规范，将国际关系建立在更高标准之上，在世界范围内寻求让各大经济区域自给自足，防止扩大竞争来获取更多的市场份额，引进关于资本转移和交通运输的法规和税收政策，要求国内生产和进口的产品符合社会和环境的高标准，这些措施的施行可以将生产的方向重新转向满足人民的需求。另外，如教皇在最近的一次通谕中所说的那样（见第五章），还应当考虑到如何逐步降低发达国家和地区的生产数量，向不发达国家和地区大量转移技术，增加对可再生能源的使用，全面停止化石燃料的开采和对剩余生产征税——税金用于为生态转型注资和帮助最落后的国家。

组织和机构的作用

重建一个几乎不使用化石燃料的能源系统，其成本是巨大的。为了做好这一点，并同时完成整个生产系统的构建，以及其中所包含的所有的环节（不同参与者和不同阶层之间的协调、转移和转产的配合、新技能的培训……），不可能任市场自由发展或单纯依靠价格规划。这个过程需要协调为数众多的政策，强制要求按照规划好的步骤进行。此外，还需要在国家的统筹之下，加强与不同国家和地区间的紧密合作。

应当放弃增长吗？

众多观点异彩纷呈

最后一章明确赞同的观点是：与其等待经济增长的回归，在意识到动态指标（国内生产总值的增长率）的局限性和这个过程所产生的一些后果之后，我们的社会应当以满足大众的基本需求为目的，并在严格的社会环境标准之下管理生产活动。还有许多其他的观点也出现在公众讨论当中（这个问题还没有成为真正讨论的主题，因为它仍然是一个禁忌）：许多人认为，无论是对于新兴国家还是发达国家而言，为了继续满足人类的巨大需求，经济增长都是必需的，其中很多人认为技术将把我们从困境中解救出来，并帮助我们克服目前经济增长所遇到的困难。最后，还有一些人认为绿色增长是当下解决问题的一个办法，它可以在追求经济增长的同时保护自然资源。

零瓦计划是一种高效节能的能源方案，通过节能来节约电力（见第七章）。通常，那些重视气候威胁并提出通过按行业部门合理规划温室气体减排量来避免这种威胁的人需要有一个坚定的指导。英国“创造一百万个有利于气候改善的就业机会”活动的组织者建议让国家直接接手，像国家健康局那样设立“国家气候局”来开展众多活动，并推进国有化（比如铁路和公交服务）（见第七章）。对于这个项目的参与者而言，重要的是让国家来管控这个进程，而非任市场自由发展。

他们明确的参照对象是一些国家在第二次世界大战中采用的生产策略：美国 1942 年对军备的投资总额相当于当时其国内生产总值。这些支出不但没有拖垮国家的经济，反而使国家从大萧条中摆脱出来。为了抵御气候威胁，此类努力仍然是有必要的——真正如战时特殊政策般的努力。“创造一百万个有利于气候改善的就业机会”活动所做出的报告十分有趣，因为他们试图去精确估计将要实现的温室气体减排量和工作岗位的数量，以及所需的资金（710 亿欧元），资金来源包括信贷、货币扩张，以及对富人和金融交易征税。

这样的社会重组将不再把增长和营利放在首位，而是将人民的生存和需求放在首位。这样的重组在资本主义体制下也是可行的吗？这些变革将会让许多利益受到质疑，而且对变革的抵制一定是（显然已经是）强烈的。加拿大记者诺米 · 克莱恩（Naomi Klein，2015）在她最近的一篇文章中清楚表明：为了维护自身利益，石油公司如同烟草公司一样，是如何为气候怀疑运动提供资金支持的。同样清楚的是，资本主义与经济增长动力之间存在着密切的联系，正如经济学家和社会学家马克斯·韦伯（Max Weber）已经指出的那样：“在任何时候都具有重要意义的事实是，要以货币形式进行资本核算，无论是用现代的簿记方式，还是其他不管多么原始和粗野的方式，总之，做任何事都必须考虑收支问题：在开办企业时，要有财务初始余额①；在做每笔交易之前，要预测出是否具有盈利能力：在该企业结束时，要有最后结余，以确定利润总额”（Weber，1964）。

随着新自由主义的出现，一些新的理念出现了，如股东价值理论。根据该理论，公司只为股东服务，管理者只是股东的代理人，而同时这些代理人又不断强化这一趋势。公司会计专家雅克·理查德（Jacques Richard）清楚地阐述过19世纪时我们如何从原来的资本主义模式过渡到了另一种投资者无须担责，借助金融市场和债务来谋求未来收益的模式。在原来的资本主义模式中，公司由企业家个人负责，公司首先通过自筹资金来实现发展，财务核算基于清算价值。公司股东权利的上升也带给公司前所未有的压力，迫使公司生产更多的产品和服务，尤其是获取更多的利润，

① initial balance，也叫年初余额，即每年一月初的余额。——编者注

更多、更快的资金流，产品仅仅是载体而已。

从那时起，与第二种模式的指导理论相决裂就已经成为必然。该指导理论中的财会制度、公司的管理条例与惯例一起使当时的变化趋势成为事实。指导国家生产的新惯例和新指标应该与采用新的惯例、新的财会方式尤其是新的管理准则的生产单位的水平保持一致。这些管理准则使公司的生产目标不再是产品和服务数量的增加，而是更加注重产品质量的改善和可持续性。

这方面的提议并不少见。针对会计体系，雅克・理查德就提出了一些有趣的建议，如建立一个“适应环境变化的会计制度”（CARE）。这将迫使公司负担起破坏“自然资本”的责任，并为自然资本提取折旧，这样做自然而然地会减少利润。同样，还有必要深入修改国际会计准则，以使其在股份有限公司发展之前发挥作用，特别是谨慎行事的义务。同理，还应重新发起关于公司创始人的责任、债务刺激，以及股东利益至上的“管理规则”的讨论。

同时追求生产率和可持续性是否需要另一种与我们所知模式不同的公司模式呢？米尔顿・弗里德曼（Milton Friedmann）给出的公司定义和代理人理论都支持同一种看法，即公司的使命就是盈利和奖励对盈利做出最大贡献的管理层——不允许公司以系统化的方式为集体利益做贡献。

然而许多经济学家（Olivier Favereau & Baudouin Roger，2015）、法学家（Jean－Philippe Robé，2009）、社会学家与管理者（Armand Hatchuel & Blanche Segrestin，2012）以及哲学家（Isabelle Ferreras，2012）都在他们的作品中指出：除了盈利之外，公司已经在追求其他目标且还将更正当地去追求。从目前主要是为了增加股东股份价值的架构来看，公司还应当发展其他的形式，以便将新的会计框架和新的生产目标相融合。

阿曼·哈楚尔（Armand Hatchuel）和布朗什·赛格瑞斯汀（Blanche Segrestin）所说的以泛社会发展为目的的公司和以集体进步为目的的公司，以及由伊莎贝尔·斐瑞拉斯（Isabelle Ferreras）设想的由资金方和劳动方共同选举管理者的公司，都允许公司为公共目标做贡献。这些创建新型公司的建议可能会将公司变成集体创造项目，以有别于公司传统的商业交换的本性。我们的推理并不是说以营利为目的的公司就不能与遵守新规则的生产活动并存。但是，不以营利为目的的公司难道不是更加适合后增长时代的社会发展吗？

以上观点也正是互助共享型经济的鼓吹者所提倡的。确切地说，他们的共同点就是不把盈利作为最高目标。他们的目的是致力于与此目标接近的经济活动，而且经常是着眼于各地域更加可持续的发展，与此相呼应的互助合作运动、普及教育、可持续共享住房、缩短食物链经济和互助金融等，都是非常具有活力的建议，都可以使社会经济局势变得更具有可持续性。

增长之外的新社会运动

国际规则的根本变革势在必行。国家需要发挥更积极的作用。但是，怎样实现这些转变？个人行为、地方参与者和社会运动在这个过程中又该发挥什么样的作用呢？

2009 年哥本哈根气候大会失败后，不少人深信就算不把变革当成一个先决条件国际协定也可以达成，并寄希望于个人和地方的发展。巴黎气候大会协定的签订并没有从根本上消除这些期待。电影《明天》强调的是个人行为和小团体对变革的作用，而它的成功就是一个很好的例证。由皮埃尔·拉比（Pierre Rabhi）创立的蜂鸟协会[①]希望成为这一行动理念的传播者，该协会宣布：“在皮埃尔·拉比的推动下，成立于 2007 年的蜂鸟协会为建设一个生态人文的社会而竭尽全力。协会将个人变化放在个人行为的核心位置，并深信社会的变革完全从属于人类的变化。蜂鸟协

---

① Association Colibris.

会的使命是激励、联结和支持处在个人和集体变革过渡阶段中的公民。”按照这种逻辑，变化从个人开始，然后激励一批追随者，再逐步地扩大范围。这些个人意识的觉醒经常会通向自愿接受的朴素生活的原则。

至于处在变革之中的城市运动，则在共同化方向走得更远。该运动由英国人罗布·霍普金斯（Rob Hopkins）首先在英国的托特尼斯发起。该运动认为必须通过立法，而不仅仅或主要依靠个人或政治机构来促进变革。能源下降行动计划是人类共同社会的目标之一。在托特尼斯等人发起的变革“转型城镇”① 中，居民们还创造了一种社区货币②，组织了部分生产地点搬迁，并发展了一些社区菜园。

但是，向后增长社会转型也要求另一种类型的联盟。如上所述，向生态转型的重大障碍之一是社会限制和环境威胁之间的明显矛盾。正确面对环境威胁，实际上似乎更

---

① 转型城镇托特尼斯，即 Transition Town Totnes。位于英国南部德文郡的托特尼斯小镇，曾是一座风光优美、商业繁华的千年小镇。在经济全球化的冲击下，这个小镇逐渐走向矿产枯竭、河流污染、河道淤堵、企业破产、经济低迷的衰败境地。2003，霍普金斯发起了“能源下降行动计划”，通过城镇转型计划，托特尼斯获得新生，成为全世界城镇转型的榜样。——编者注

② 在托特尼斯小镇消费，可以使用该镇的社区货币——托特尼斯镑，面值分别是 1、5、10、21 镑。社区货币已成为托特尼斯最有名的城市名片。——编者注

加要求强化标准，提升价格，关闭某些部门，尽管其结果会加重就业危机，波及一些低收入家庭。难点就在于如何处理气候危机，使之成为帮助解决就业问题和不平等问题的一个绝佳契机。只有出于同样的理由，尤其是关注（就业和产品的）质量问题，建立起一个行业从业者、消费者和环保团体之间的真正联盟，才能够带来适应形势发展的深刻变化。立足于欧洲的春季联盟和“百万就业机会”是这类运动的先锋。春季联盟在2008年危机之后提出了许多建议。“创造一百万个有利于气候改善的就业机会”则将工会和环境协会聚集在了一起，提出必须在公司内部设立能源问题专家代表和开展能源审计，这一想法十分有意义，值得深入研究。事实上，国内生产质量和生产内容应该进行讨论甚至共同磋商。与此同理，企业的民主化应使工薪层能够参与到其生产内容和生产条件的决策中去。

最后，我们遵循了政治学家瑟达·思科普尔（Theda Skocpol，2012）和加拿大记者诺米·克莱恩（Naomi Klein，2008）的建议。她们在研究分析了美国卫生改革的接受过程和美国温室气体排放管理的失败之后，得出了一致结论：要解决温室气体排放问题，绝对需要发起一个大规模、强有力且范围广泛的运动来配合立法进程，并支持行政机关做出改变的尝试。她们揭示出游说团和民粹党派（特别是茶党）组织的活动在有利于环境的改革失败中起到了多大的作用，还指明许多大型环保组织由于其亲商业倾向而在多大程度上导致了这一失败。因此，她们认为必须开展一场大型的人民运动，着眼于世界，让社会各阶层尤其是处境最差的阶层明白为什么我们不应再期盼以前模式的回归，而是期待一个后增长社会。

春季联盟

春季联盟是一个参与性较强的运动，其目的是影响欧盟的战略议程，把人和地球放在政策的中心。2009 年欧洲环境局（BEE）、欧洲工会联合会（CES）和欧洲社会非政府组织平台发起了这项活动，之后，非政府组织紧急发展联合会也参与了这一活动。这个联盟发表过自己的宣言。

结论

经过近三十年的发展，政府间气候变化专门委员会终于对普遍存在的气候问题做出了基本的判断，尤其是在打破一个基于化石能源的旧世界的迫切性上。它发布的众多报告间接反映出人们对世界经济蓬勃增长的追求会导致极端气候现象频发、生物多样性锐减、污染，给海洋环境造成持续性影响（如海平面上升、海洋酸化、珊瑚礁退化等），并且加剧气候不平等（如气候难民、饮用水的获取、人身安全）。

面对21世纪的新挑战，标准经济往往是沉默的，除非它提出了看似过时的解决方案，因为这些解决方案总是系统地围绕着如何恢复经济强劲增长这一目标而制定的，即如何回到黄金时代。丹尼斯·米多（Dennis Meadows）在2012年接受《世界报》采访时提醒说："如果你唯一的政策是以经济增长为基础，你就不会想听人谈起增长的结束。因为这意味着你必须创造什么新的事物来。日本人有一个有趣的谚语，‘如果你唯一的工具是锤子，一切看起来都像钉子。’对于经济学家来说，唯一的工具就是增长，所以一切都看起来都像是需要增长。”经济标准将经济增长的回归建立在两个基础上：一个是对创新和技术进步的无限信任，亦被称为技术乐观主义；另一个是人们非常乐于保证自己利益的个人观念，提倡进步与发展的经济学家亦这样认为。这只是重新表达了人类天赋可以克服所有问题的信念。这种想法导致人们将一些进程置于优先地位，这些进程尤其重视被鼓励的价值观，如自由流通、自由贸易，以及与这些价值观相伴的国际竞争。但是同时，这些想法也捍卫了“跨大西洋自由贸易条约”（TAFTA）等项目，这似乎与本书描述的社会和气候问题相矛盾。这也会导致让赋予自然价格的理念来引导行为，特别是企业的行为；同时也鼓励包括碳市场在内的环保市场的扩张。

一种新的政治经济关系

要摆脱意识形态和对经济增长的执念，就要设计新的政治经济关系，尽可能考虑到更具合作性行为的合理性，同时还要将迫切需要关心的共同财富置于思考的核心位置。除了不切实际的公理化模式之外，我们怎样才能认识到，自由竞争和新市场的建设将会使共同财产得到高质量的保护，比如土地、空气、水、气候、森林、生物多样性、景观、社会凝聚力、团结、共同生活？从政治哲学、社会学甚或历史学三方面入手，人们才能够抓住公平社会，美好生活和优质生态的关键点，这些正是“大市场”所向往和追求的。

要建立恢复增长水平、基于后增长社会视角的新模式，需要一个将政治和跨学科研究同时视为思想工作核心的政治经济项目。

同以往的人类学和宇宙学观念相决裂也是必要的。它们的种种表述使得人们对自然的态度不是关心和保护，取而代之的是肆意统治与横加掠夺。有必要重新塑造科学观念，使我们能够关心世界，并让其指导我们的行动，以建立另一套知识体系。这就需要出现新的描述和新的范畴。这些新观念应该能够让我们重新思考人与自然的关系。此外，还需要出现新的宇宙学和人类学，尤其是创新的人类学，它应告诉我们人类并不拥有让自然为其所用的天命，应该建立规则来规范人类与自然的关系。然后，无论是个人行为，还是公共行为，都将会如德国哲学家汉斯·乔纳斯（Hans Jonas）所说的格言那样：“行动起来，让你的行为效果同地球上真正的人类恒久生命相匹配。”

这一变化最终需要与公民身份建立新的关系。对于商品和服务所提供的消费遵守适度和节制的原则，就要求每一个公民参与到改变文化和价值观的行为当中来。公民将不再只关心自己的利益，而是以一种批判的方式重新考虑经济增长会带来的得失和损害，加入到面向“美好生活”的社会计划当中，正如一些国家（如玻利维亚、厄瓜多尔等国）已经着手进行的那样。从这个角度来看，正如诺米·克莱恩所解释的那样，如果没有大规模、新性质的社会动员以遏制即将到来环境变化，一切美好想象都将不再可能。

参考文献

Philippe Bihouix,

L'âge des Iow tech. Vers une civilisation techniquement soutenable, Paris, Seuil, collection Anthropocène, 2014.

Marie Duru – Bellat,

Pour une planète équitable. L'urgence d'une justice globale, Paris, Seuil, collection La république des idées, 2014.

François Fourquet,

Les comptes de la puissance. Histoire de la comptabilité nationale et du plan, Paris, Éditions Recherches, collec – tion Encres, 1980.

Jean Gadrey,

Adieu à la croissance. Bien vivre dans un monde soli – daire, Paris, Les Petits matins, 2015 (1re édition 2010).

Jean Gadrey, Florence Jany – Catrice,

Les nouveaux indicateurs de richesse, Paris, La Découverte, collection Repères, 2012 (1re édition 2005).

Gaël Giraud, Cécile Renouard (dir.),

Vingt propositions pour réformer le capitalisme, Paris, Flammarion, collection Champs essais, 2012 (1re édition 2009).

Robert Gordon,

《Is U. S. Economic Growth Over? Faltering Innovation Confronts the Six Headwinds》, *NBER Working Paper* n°18315, août 2012.

Jean – Marie Harribey,

La richesse, la valeur et l'inestimmable, Paris, Les liens qui libèrent, 2013.

Tim Jackson,

Prospérité sans croissance: la transition vers une écono – mie durable, Bruxelles, De Boeck – Etopia, 2010

Dominique Méda,

Qu'est – ce que la richesse?, Flammarion, collection Champs, 2000 (1re édition 1999).

Au – delà du PIB. Pour une autre mesure de la richesse, Paris, Flammarion, collection Champs actuel, 2008.

La mystique de la croissance. Comment s'en libérer, Paris,

Flammarion, collection Champs actuel, 2014 (1re édition 2013).

Joseph Stiglitz, Amartya Sen, Jean – Paul Fitoussi, Commission sur la mesure des performances économiques et du progrès social,

Rapport au président de la République, 2 vol., Paris, Odile Jacob, 2009.

Coen Teulings, Richard Baldwin (dir,),

Secular Stagnation: Facts, Causes, and Cures, London, Centre for Economic Policy Research Press, A VoxEu. org Book, 2014.

André Vanoli,

Une histoire de la comptabilité nationale, Paris, La Découverte, collection Repères, 2002.

Franck – Dominique Vivien,

Le développement soutenable, Paris, La Découverte, collection Repères, 2005.

译者致谢

本书的翻译工作得到了很多好友的帮助和支持，在此表示感谢：

韩晓文　王旭飞　张玉翠　张　平　李文勇　刘　迎

张军霞　杨　宏　孙　洁　王　伟　吴　昊　史春玲

译者

2017 年 10 月